RESTAURACIÓN, SEPARACIÓN Y ORDEN FINAL

Restauración, Juicio, Resurrección y la Consumación del Orden de la Restauración

MBRS Libro 4

Estudios Avanzados a Nivel de Maestría

Texto Oficial del Estudiante

DR. YERAL E. OGANDO

RESTAURACIÓN, SEPARACIÓN Y ORDEN FINAL

Restauración, Juicio, Resurrección y la Consumación del Orden de la Restauración

MBRS Libro 4 — Estudios Avanzados a Nivel de Maestría

Texto Oficial del Estudiante

By

Dr. Yeral E. Ogando

Por:
Dr. Yeral E. Ogando
Redactado y publicado por:
Dr. Yeral E. Ogando
Adoptado para uso de Enseñanza por:
Yahuah Institute of Biblical Restoration, Inc. www.yahuahinstitute.org

Como el texto base para:
El Programa Master of Biblical Restoration Studies (MBRS)

Las citas de las Escrituras se toman exclusivamente de Dabar Yahuah Escrituras Yahuah – www.yahuahbible.com/es.
Este libro de texto es producido para propósitos académicos, de Enseñanzas y de formación teológica dentro del programa MBRS y cursos afiliados.
"Todos los textos de Enseñanzas utilizados por el Programa MBRS son redactados y publicados de manera independiente por el Dr. Yeral E. Ogando. El Instituto adopta estos textos únicamente para propósitos de Enseñanzas y no los posee, publica ni recibe ingresos de ellos."
ISBN: 978-1-946249-59-3

AUTORIZACIÓN Y DECLARACIÓN INSTITUCIONAL

Este libro de texto, FUNDAMENTOS DE RESTAURACIÓN BÍBLICA (Foundations of Biblical Restoration), es redactado y publicado por el Dr. Yeral E. Ogando y es adoptado y aprobado para uso de Enseñanza por Yahuah Institute of Biblical Restoration, Inc. como el texto de Enseñanza central para el programa Master of Biblical Restoration Studies (MBRS).

Todas las posiciones doctrinales, Terminología, estructuras de Enseñanzas y estándares evaluativos contenidos dentro de este volumen están gobernados exclusivamente por Dabar Yahuah - Escrituras Yahuah tal como se preservan en las Escrituras reconocidas por el Instituto: los escritos inspirados del Tanakh (Antiguo Testamento), los Apokryfos preservados, y los escritos del pacto Renovado (Nuevo Testamento).

Este texto opera dentro de un marco canónico y teológico cerrado para el ciclo académico en el cual es emitido. Ningún sistema denominacional externo, metodologías filosóficas, Yada Yahuah (teología) especulativa, o tradiciones institucionales están permitidos para gobernar la interpretación, instrucción o evaluación dentro del programa MBRS.

Esta Edición del Estudiante está autorizada para uso de Enseñanza únicamente dentro del programa MBRS.

La reproducción, distribución o uso no autorizado fuera de contextos de Enseñanzas aprobados por el Instituto está prohibida.

PREFACIO Y DECLARACIÓN DE PROPÓSITO

FUNDAMENTOS DE RESTAURACIÓN BÍBLICA (Foundations of Biblical Restoration) existe porque las Escrituras mismas demandan restauración.

Este libro de texto no fue escrito para defender sistemas denominacionales, preservar teología heredada, o armonizar marcos filosóficos con las Escrituras.

Fue escrito para permitir que Dabar Yahuah gobierne como Yada Yahuah (teología) sin conflicto.

La teología moderna a menudo comienza con suposiciones y busca en las

Escrituras apoyo. La Yada Yahuah (teología) de Restauración invierte ese orden. Las Escrituras establecen autoridad, definen categorías, diagnostican corrupción, y revelan restauración conforme a la intención divina en lugar de la tradición humana.

Este libro sirve como el texto de Enseñanza único e integrado para el Master of Biblical Restoration Studies (MBRS). Guía al estudiante desde el Testimonio de las Escrituras a través de, Yahuah: Guia de Restauración, El Origen del Mal: Verdades Bíblicas Escondidas a Plena Vista, Las Tres Humanidades™: La División de la Humanidad en el Plan de Yahuah - Volumen 1, y Las Tres Humanidades™: La Restauración de la Primera Humanidad en el Plan de Yahuah - Volumen 2—culminando en una tesis independiente.

Declaración de Propósito

El propósito de este libro de texto es:

- Establecer las Escrituras como la única autoridad gobernante
- Restaurar categorías bíblicas oscurecidas por la tradición y la traducción
- Definir el mal sin atribuir corrupción a Yahuah
- Explicar a la humanidad a través del marco de las Tres Humanidades™
- Presentar la restauración como transformación, no reparación
- Preparar a los estudiantes para defender la Restauración Yada Yahuah (teología) de manera independiente y precisa

Este texto no es devocional. No es especulativo. Es de Enseñanza, correctivo y autoritativo.

RESULTADOS DEL APRENDIZAJE DEL PROGRAMA

Master of Biblical Restoration Studies (MBRS)

Al completar exitosamente el programa MBRS, el estudiante podrá:

- Demostrar Razonamiento del pacto a través de todo el cuerpo de las Escrituras, integrando los escritos del Tanakh (Antiguo Testamento), Apokryfos, y los escritos del pacto Renovado (Nuevo Testamento) sin contradicción.

- Explicar la autoridad de las Escrituras como de origen divino, delimitada canónicamente y preservada en el pacto.
- Definir el mal, la corrupción, el juicio y la restauración usando únicamente categorías de las Escrituras, sin depender de marcos filosóficos o denominacionales.
- Articular el marco de las Tres Humanidades™ (Primera, Segunda, Tercera Humanidades y la Variante) usando antropología gobernada por las Escrituras y Yada Yahuah (teología) del linaje.
- Hacer la diferencia entre pecado, corrupción y alteración Creacional, explicando por qué la restauración requiere transformación en lugar de reparación moral.
- Aplicar disciplina del lenguaje del pacto responsablemente, demostrando cómo las palabras gobiernan la doctrina y previenen distorsión teológica.
- Defender la Restauración Yada Yahuah (teología) desde la creación hasta la consumación como un sistema unificado y consistente con las Escrituras.
- Producir y defender una tesis a nivel de maestría fundamentada exclusivamente en las Escrituras, demostrando claridad doctrinal, consistencia canónica e integridad metodológica.

CÓMO USAR ESTE LIBRO DE TEXTO

Este libro de texto está diseñado para uso estructurado y en orden cronológico dentro del programa MBRS.

- Responsabilidades del Estudiante
- Leer todas las Escrituras asignadas antes de interactuar con comentarios o explicaciones.
- Seguir el progreso de semanas y meses sin omitir secciones.
- Usar únicamente fuentes De las Escrituras aprobadas por el Instituto al completar asignaciones.
- Adherirse estrictamente a plantillas bloqueadas, indicaciones y criterios de evaluación.
- Demostrar dominio mediante claridad, uso de las Escrituras y razonamiento

disciplinado.

Estructura De Enseñanza

- Cada Término se construye sobre autoridad y doctrina previas.
- Cada Mes introduce metas de Enseñanzas definidas.
- Cada Semana se enfoca en conceptos de las Escrituras específicos.
- Las evaluaciones miden integración y razonamiento, no memorización.

Este texto no está diseñado para lectura casual.

Está diseñado para formación, corrección y calificación.

Los estudiantes que intenten eludir la estructura, introducir sistemas externos o depender de la especulación no avanzarán.

DECLARACIÓN DE INTEGRIDAD ACADÉMICA Y DE LAS ESCRITURAS

- La inscripción en el programa MBRS constituye acuerdo con los siguientes estándares:
- Las Escrituras gobiernan todas las conclusiones.
- Dabar Yahuah es la autoridad más alta.
- Ningún sistema denominacional, filosófico o especulativo puede anular las Escrituras.
- Todo trabajo debe ser original, veraz y citado con precisión.
- El plagio, la innovación doctrinal o la tergiversación de las Escrituras resulta en descalificación.
- El avance es evaluativo, no automático.

Este programa valora la claridad sobre la creatividad, la sumisión sobre la especulación y la verdad sobre la tradición.

La meta no es afirmación, sino formación.

RECURSOS DEL TEXTO AUTORIZADOS Y ACCESO

Los textos de Enseñanzas y recursos de las Escrituras usados dentro del programa Master of Biblical Restoration Studies (MBRS) se ponen a disposición a través de plataformas designadas.

Los textos de referencia primarios y materiales de apoyo redactados por el Dr. Yeral E. Ogando están abiertamente accesibles en www.yahuahdabar.com. Estos materiales pueden ser leídos en línea por cualquier visitante. El registro permite a los usuarios descargar versiones PDF de los textos bases. Estos materiales están disponibles públicamente y no están restringidos a estudiantes inscritos. Dabar Yahuah - Escrituras Yahuah, incluyendo los escritos del Tanakh (Antiguo Testamento), Apokryfos y los escritos del pacto Renovado (Nuevo Testamento), están abiertamente accesibles para lectura en línea en www.yahuahbible.com/es. Estos textos se proporcionan como la base de las Escrituras autorizada para el programa MBRS y están disponibles para todos los lectores.

Para el estudio de las Escrituras y la consulta a nivel de término, se instruye a los estudiantes a usar la Aplicación Dabar Yahuah Scriptures, incluyendo sus herramientas de la Concordancia Strong para referencia hebrea y griega. Esta herramienta se utiliza para confirmar formas de palabras, significados y uso de las Escrituras en alineación con el marco de Enseñanza del Instituto.
Los libros de texto de la Edición del Estudiante, sin embargo, no se distribuyen públicamente a través de estos sitios web. Los libros de texto del estudiante se proporcionan a través de la plataforma de Enseñanza del Instituto o canales autorizados de distribución de cursos, con la excepción de la edición impresa de Amazon.

Estas distinciones de acceso son intencionales y forman parte del marco de Enseñanza y evaluativo del Instituto.

DE TEOLOGIA A YĀDAʿ YAHUAH

Por qué Yahuah Institute of Biblical Restoration, Inc. Rechaza el término "Teología" y Restaura el Conocimiento Bíblico

INTRODUCCIÓN

Yahuah Institute of Biblical Restoration, Inc. está comprometido con restaurar la verdad bíblica a su marco del pacto original. Este compromiso requiere no solo la restauración de doctrina, sino también la restauración de lenguaje, método y autoridad.

Una de las restauraciones más fundamentales que hacemos es el rechazo deliberado del término "teología" y su reemplazo con el concepto bíblico de Yādaʿ Yahuah.
Esta decisión no es estilística, cultural ni reaccionaria.
Es lingüística, bíblica y doctrinalmente necesaria.
El Origen del Término "Teología"

La palabra teología en español se deriva del término griego θεολογία (theologia), formado de:

- θεός (theos) — dios
- λογία (logia / logos) — discurso, razonamiento, investigación filosófica

Históricamente, teología significaba "discurso razonado acerca de los dioses".
Se originó en el pensamiento filosófico griego, no en las Escrituras.
Este término fue impuesto posteriormente sobre los estudios bíblicos durante los períodos helenístico y post - Constantino, cuando categorías filosóficas griegas fueron usadas para sistematizar los textos bíblicos.
Los autores bíblicos nunca usaron este término.
Nunca describieron sus escritos, enseñanzas o revelaciones como "teología".
Por qué "Teología" Es Incompatible con las Escrituras

El concepto de teología asume:

- que Alôhîym (Dios) es un objeto de análisis,
- que la verdad se alcanza mediante razonamiento intelectual,
- y que los humanos definen conocimiento acerca de Alôhîym (Dios).

Las Escrituras presentan el orden opuesto:

- Yahuah revela,
- la humanidad recibe,
- el conocimiento fluye de la obediencia y la relación del pacto.

Los sistemas teológicos frecuentemente colocan la razón humana como la autoridad organizadora sobre la revelación.

La Escritura coloca la revelación por encima de la razón humana.

Por esta razón, teología no es un término neutral — es un marco filosófico extranjero impuesto sobre la revelación bíblica.

El hebreo No Piensa en Categorías de "-logia"

El pensamiento bíblico hebreo no comienza con sustantivos abstractos ni sistemas especulativos.

Comienza con verbos, acción y relación.

El pensamiento griego es:

- Abstracto
- Analítico
- especulativo

El pensamiento hebreo es:

- por relación
- del pacto
- revelado
- vivido y obedecido

Por lo tanto, la pregunta no es: "¿Cuál es la palabra hebrea para teología?"

La pregunta correcta es: "¿Cómo definen las Escrituras el conocer a Yahuah?"

LA RAÍZ BÍBLICA: יָדַע (YĀDAʿ)

El término bíblico fundamental es el verbo hebreo יָדַע (Yādaʿ).
Yādaʿ significa:

- conocer en relación
- conocer por experiencia
- conocer en el pacto
- conocer a través de la obediencia y el encuentro

Esto no es conocimiento teórico.

Ejemplos de las Escrituras:

- Berēshīṯh 4:1 — "Adam conoció a Eva"
- Šhemōṯh 33:12 — "Te he conocido por tu nombre"
- Yirmeyâhû 31:34 — "Todos me conocerán"

En cada caso, conocer es por relación y experiencia, no información.

DAʿAT (דַעַת) DEPENDE DE YĀDAʿ

El sustantivo דַּעַת (Daʿat) — "conocimiento" — se deriva de Yādaʿ.
Esto significa:

- Daʿat es el resultado de conocer,
- no la fuente de conocer.

Cuando Daʿat se separa de Yādaʿ, el conocimiento se vuelve abstracto y distorsionado — exactamente lo que ocurre en los sistemas teológicos.
Las Escrituras nunca tratan el conocimiento como una posesión intelectual independiente.
El conocimiento siempre es el fruto de la relación del pacto.

EL MARCO BÍBLICO RESTAURADO: YĀDAʿ YAHUAH

Por esta razón, el Instituto restaura la categoría bíblica:
יָדַע יְהוָה — Yādaʿ Yahuah
"Conocer a Yahuah por revelación del pacto y obediencia."

Definición Formal:
Yādaʿ Yahuah es el acto del pacto de conocer a Yahuah a través de Su autorrevelación, instrucción y obediencia vivida. No es razonamiento especulativo acerca de Alôhîym (Dios), sino conocer por relación fundamentado en fidelidad, encuentro y sumisión a Su Palabra.
Daʿat Yahuah (el conocimiento de Yahuah) es el resultado de Yādaʿ, no su sustituto.
Implicaciones para la Educación y los Grados
Debido a esta restauración:

- No enseñamos teología
- Restauramos el conocimiento del pacto basado en Yādaʿ
- Nuestros programas forman siervos, no analistas
- Nuestros grados representan responsabilidad del pacto y rendición de cuentas, no meramente estatus intelectual

El Instituto rechaza la filosofía abstracta griega a favor de la revelación bíblica.

CONCLUSIÓN

La restauración de la verdad requiere la restauración del lenguaje.
Teología no es una categoría bíblica.
Yādaʿ Yahuah lo es.

Al restaurar Yādaʿ Yahuah, el Instituto se alinea con:

- la autoridad de las Escrituras,
- el conocer del pacto,
- y la visión bíblica original.

Esta restauración no es opcional. Es fundamental.

DECLARACIÓN OFICIAL

"No razonamos acerca de Yahuah; lo conocemos como Él se revela."

Tabla de Contenido

CUATRIMESTRE IV — RESTAURACIÓN, SEPARACIÓN Y ORDEN FINAL
NIVEL MAESTRÍA AUTÉNTICO · INSTRUCCIÓN CULMINANTE

Finalización de Graduado · Calificación para la Fase de Tesis

ORIENTACIÓN ACADÉMICA – CUATRIMESTRE IV · MES 1

El Cuatrimestre IV marca el término de las Enseñanzas final del programa a nivel de Maestría dentro del Yahuah Institute of Biblical Restoration, Inc. Este término asume dominio total de todo el curso previo, incluyendo Fundamentos a Nivel Técnico Superior (Cuatrimestre I), formación de Nivel Licenciatura (Cuatrimestre II) y el eje central avanzado a nivel de maestría de Las Tres Humanidades™ introducido en el Cuatrimestre III.
Este término funciona como una culminación de instrucción, no como una fase de investigación o tesis. No se revisita material fundamental. Se espera que los estudiantes razonen con coherencia del pacto completa, precisión Creacional y fidelidad metodológica estricta. Todas las categorías de creación, corrupción, juicio y humanidad ya deben estar claramente entendidas.

El Cuatrimestre IV completa la fase de Enseñanza del programa de Maestría abordando restauración, separación, renovación y resultados finales como se revelan en las Escrituras. Su propósito es confirmar la preparación para la investigación independiente y síntesis, no conducir esa investigación.

EN ESTA ETAPA, LOS ESTUDIANTES DEBEN DEMOSTRAR:

- Dominio total de la metodología restaurada de Yadaʿ Yahuah
- Capacidad de integrar creación, corrupción, juicio y restauración en un marco de las Escrituras unificado
- Precisión al manejar categorías Creacionales sin reduccionismo moral o emocional
- Consistencia en el razonamiento de las Escrituras sin apoyo interpretativo.

La tolerancia de interpretación está en su punto más bajo en el programa.
La inconsistencia, confusión de categorías o deriva metodológica indica preparación insuficiente para proceder más allá del estudio de la Enseñanza.
La finalización exitosa del Cuatrimestre IV califica al estudiante para entrar en la fase de Tesis, donde se requieren investigación independiente, síntesis y defensa sin orientación de Enseñanza adicional.

CUATRIMESTRE IV - MES 1
VISIÓN GENERAL DEL CUATRIMESTRE IV

Las Tres Humanidades™ — La Tercera Humanidad y la Restauración de Yahuah (Transformación, Renovación y Propósito Final)

El CUATRIMESTRE IV es la etapa final y más alta del marco de Las Tres Humanidades™.
Donde el Cuatrimestre III diagnosticó creación, pureza y corrupción, el Cuatrimestre IV revela restauración.
Este término responde la pregunta final de las Escrituras:
¿Qué hace Yahuah con la humanidad corrompida, y qué tipo de humanidad emerge de su plan de restauración?

El CUATRIMESTRE IV introduce La Tercera Humanidad (PM + NW = MH) —no un retorno al Edén, no una reparación de la Segunda Humanidad, sino una nueva humanidad traída mediante restauración, transformación y cumplimiento del pacto.

ESTE TÉRMINO TAMBIÉN REVELA LA RESTAURACIÓN DE YAHUAH COMO:

- intencional, no reactiva
- progresiva, no instantánea
- transformativa, no cosmética

AL FINAL DEL CUATRIMESTRE IV, EL ESTUDIANTE ENTENDERÁ:

- Por qué la Segunda Humanidad no puede ser reparada
- Cómo la Tercera Humanidad es formada, no evolucionada
- Por qué la restauración es espiritual antes de ser física
- Cómo pacto, Espíritu y obediencia definen la humanidad renovada
- Cómo Yahuah completa lo que Él comenzó en la creación

El CUATRIMESTRE IV completa el marco de Yada Yahuah de todo el Instituto.

ESTRUCTURA DEL CUATRIMESTRE IV

- Mes 1 — La Tercera Humanidad (PM + NW = MH): Introducción y Necesidad
- Mes 2 — La Formación de la Tercera Humanidad (PM + NW = MH)
- Mes 3 — La Identidad, Andar y Autoridad de la Tercera Humanidad (PM + NW = MH)
- Mes 4 — La Restauración de Yahuah: Finalización y Consumación

CUATRIMESTRE IV· MES 1

LA TERCERA HUMANIDAD – NECESIDAD E INTRODUCCIÓN

VISIÓN GENERAL DEL MÓDULO

POR QUÉ SE REQUIERE UNA TERCERA HUMANIDAD

LA TERCERA HUMANIDAD (PM + NW = MH)

Hombres Puros + Mujeres Nefelinas = Humanidad Mixta (Corrupción Parcial)
El Mes 1 establece por qué la restauración requiere una Tercera Humanidad en absoluto. Las Escrituras no presentan la redención como un parche aplicado a la humanidad corrompida. En cambio, revela la necesidad de una nueva humanidad traída mediante pacto, Espíritu y transformación.

ESTE MES CORRIGE EL ERROR COMÚN DE YADA YAHUAH QUE ASUME:

- que la Segunda Humanidad puede ser reparada moralmente
- que la corrupción puede revertirse mediante esfuerzo
- que la restauración significa regresar a Adam

Las Escrituras enseñan lo contrario.

AL FINAL DE ESTE MES, EL ESTUDIANTE ENTENDERÁ QUE:

- La Primera Humanidad (Y+A=PH) fue pura pero vulnerable
- La Segunda Humanidad (AW + HW = N & NM + PW = N) está corrompida y esclavizada
- La Tercera Humanidad (PM + NW = MH) es renovada y transformada
- La restauración no es reversión, sino cumplimiento
- El plan de Yahuah siempre apuntó hacia adelante, no hacia atrás

COBERTURA DE CAPÍTULOS

- Demostrar por qué la restauración requiere una Tercera Humanidad en lugar de la reparación de la Segunda

- Hacer la diferencia de restauración como transformación vs retorno/ reversión
- Explicar "nacido de arriba" como identidad de origen del Espíritu usando Éxodo y textos del Nuevo Pacto
- Mostrar el cumplimiento del pacto sin reemplazo de Yada Yahuah Rastrear el progreso hacia adelante: Edén → historia del pacto → Mesías → nueva creación

LAS TRES HUMANIDADES™ – LA TERCERA HUMANIDAD (CONCEPTOS FUNDAMENTALES)

- Capítulo 1 — Por Qué la Restauración Requiere una Nueva Humanidad
- Capítulo 2 — No Retorno, sino Transformación
- Capítulo 3 — Nacido de Arriba, No Reformado desde Abajo
- Capítulo 4 — Cumplimiento del pacto, No Reemplazo del pacto

CUATRIMESTRE IV· MES 1 — SEMANA 49
POR QUÉ LA RESTAURACIÓN REQUIERE UNA NUEVA HUMANIDAD
La Reparación No Es Suficiente

PROPÓSITO DE LA SEMANA 49
Esta semana entrena al estudiante a interpretar por qué la restauración en las Escrituras requiere una nueva humanidad en lugar de la reparación de una existente.
Se enseña a los estudiantes a identificar el punto en el cual la corrección, la instrucción y la restricción ya no son suficientes, y por qué Yahuah introduce transformación al nivel del ser.
Al Relacionarse con el Libro 4, Capítulos 1–2, los estudiantes aprenden a leer la transición del juicio a la restauración mediante Yada Yahuah, reconociendo que la redención avanza no arreglando la corrupción, sino llamando a una humanidad diferente bajo pacto.
Esta semana marca el giro de interpretación de contención de corrupción a iniciación de restauración.

LECTURA E INSTRUCCIÓN
- Yirmeyahu (Jeremías) 17:9

La corrupción del corazón es interna y autosostenida.

- Róměos (Romanos) 8:7–8

La mente carnal carece de la capacidad de someterse a Alôhîym.

- 2 Korínthios 5:17

La restauración se define como nueva creación, no reforma.
Lectura del Libro de Texto del Estudiante
Las Tres Humanidades — El Ascenso de La Tercera Humanidad (Libro 4)

CAPÍTULO 1 – LA TERCERA HUMANIDAD – Y LA REDENCIÓN DE YAHUAH

- Capítulo 2 — El Llamado de Abram — Yahuah Escoge a Un Hombre Fuera de la Confusión de las Naciones

Los estudiantes deben leer ambos capítulos completamente antes del análisis.

EXPLICACIÓN DIDÁCTICA

La Restauración se Activa Cuando la Reparación Falla

Las Escrituras presentan un límite de interpretación claro:

- La Primera Humanidad (Y+A=PH) requirió preservación.
- La Segunda Humanidad (AW + HW = N & NM + PW = N) requirió eliminación.

La Semana 49 entrena a los estudiantes a reconocer que ni la preservación ni la eliminación producen restauración.
La restauración comienza solo cuando Yahuah introduce un nuevo modo de la humanidad en lugar de intentar rehabilitar una existente.
Cuando las Escrituras deja de corregir y comienzan a llamar, se está formando una nueva humanidad.

La Corrupción No Puede Ser Disciplinada hacia la Alineación
El mundo post-Diluvio demuestra que la restricción no equivale a renovación.
La ley, memoria y supervivencia permanecen, sin embargo la alineación no se autogenera.
Esto revela un principio central de Yada Yahuah:
La corrupción no es un mal funcionamiento de conducta — es una condición de herencia.

La emergencia de la Tercera Humanidad (PM + NW = MH) - Hombres Puros + Mujeres Nefelinas = Humanidad Mixta (Corrupción Parcial) refleja esta realidad: redimible, sin embargo inestable — capaz de respuesta, sin embargo incapaz de autocorregirse.

La instrucción puede gobernar el comportamiento; solo el llamado puede alterar la trayectoria.

El Llamado Reemplaza la Reparación como el Método de Redención
La aparición de Abram señala un giro decisivo en la estrategia divina.
Las Escrituras no presentan a Abram como humanidad corregida, sino como humanidad llamada.
La separación precede al refinamiento. El pacto precede a la transformación.

ESTO REPLANTEA LA RESTAURACIÓN MEDIANTE YADA YAHUAH COMO:

- Iniciada por Yahuah
- Arraigada en pacto
- Sostenida por obediencia, no origen

La nueva creación comienza con iniciativa divina, no con preparación humana.

Por Qué se Requiere una Nueva Humanidad
La Semana 49 entrena a los estudiantes a ver que la restauración requiere:

- Una nueva lealtad
- Una nueva ruta de herencia
- Una nueva identidad del pacto

Esto prepara el terreno para la emergencia de la Tercera Humanidad — la Variante (Y ⊕ HW = Y), donde la transformación comienza no mediante corrección de linaje, sino mediante intervención por Yahuah Mismo.
Cuando las Escrituras introducen el llamado del pacto, están inaugurando transformación, no reparación.

Enfoque de Alineación — Capítulos 1 y 2
De estos capítulos, los estudiantes deben extraer y aplicar:

- La Reparación Es Insuficiente para la Corrupción Heredada
- El Llamado como el Mecanismo de Restauración
- La Separación como el Primer Acto de Renovación
- El Pacto como el Motor de la Transformación
- Nueva Creación como Reemplazo, No Mejora

TÉRMINOS CLAVE Y DEFINICIONES (SEMANA 49)

- Restauración

Reemplazo de alineación corrompida mediante llamado divino.

- Llamado

Iniciación de identidad del pacto por Yahuah.

- Nueva Creación

Transformación de naturaleza más que corrección de comportamiento.

- Yada Yahuah

El acto del pacto de conocer a Yahuah a través de Su autorrevelación, instrucción y obediencia vivida. No es razonamiento especulativo acerca de Alôhîym, sino conocimiento por relación fundamentado en fidelidad, encuentro y sumisión a Su Palabra.

TAREAS DE ESTUDIO

Pausa y completa lo siguiente:

• Explicar por qué la humanidad corrompida no puede ser reparada mediante ley o disciplina

• Demostrar cómo Abram representa la iniciación de la nueva creación más que reforma moral

• Identificar las señales de interpretaciones que indican que las Escrituras están transicionando a una nueva humanidad

• Mostrar cómo el pacto reemplaza la corrección como el impulsor de la redención

Usa las Escrituras y los capítulos asignados directamente.

Evita suposiciones psicológicas, moralistas o nociones modernas de restauración.

PENSAMIENTOS FINALES DE LA SEMANA 49

La reparación mantiene estructura.

El llamado inicia transformación.

La restauración comienza donde termina la corrección.

REFLEXIÓN FINAL

"Yahuah no repara la corrupción—Él llama a nueva creación."

CUATRIMESTRE IV· MES 1 — SEMANA 50

NO RETORNO, SINO TRANSFORMACIÓN

Hacia Adelante, No Hacia Atrás

PROPÓSITO DE LA SEMANA 50

Esta semana entrena al estudiante a interpretar correctamente la restauración dentro del plan de redención rechazando modelos de regresión y reconociendo la transformación como culminación hacia adelante.

Las Escrituras no restauran a la humanidad devolviéndola a la inocencia edénica. Hace avanzar a la humanidad hacia permanencia mediante pacto, presión, exilio y transformación dentro de entornos corrompidos.

Usando el Libro 4, Capítulos 3–4, los estudiantes son entrenados a identificar cómo Yahuah hace avanzar el plan de salvación a través de la humanidad mixta en lugar de aislar pureza o reparar corrupción.

La Semana 50 establece que la redención madura bajo oposición y que la identidad del pacto es forjada, no preservada, por conflicto.

LECTURA E INSTRUCCIÓN

- 1 Korínthios 15:46–49

Lo natural precede a lo espiritual; la culminación sigue al origen.

- Êber (Hebreos) 8:6

Un pacto superior reemplaza estructuras anteriores sin negarlas.

- Apocalipsis 21:1–5

La restauración culmina en nueva creación, no en origen restaurado.
Lectura del Libro de Texto del Estudiante

Las Tres Humanidades: El Ascenso de la Tercera Humanidad — Libro 4

- Capítulo 3: De Yitschâq a la Formación de Yasharal
- Capítulo 4: En Egipto — La Familia del pacto en la Guarida del León

Los estudiantes deben leer ambos capítulos completamente antes del análisis.

EXPLICACIÓN DIDÁCTICA

La Restauración se Mueve Hacia Adelante, No Hacia Atrás

Las Escrituras establecen una regla direccional dentro de Yada Yahuah:

El origen no equivale a cumplimiento.

El Edén representa origen no prueba.

La restauración representa identidad probada bajo presión.

La Tercera Humanidad no recrea la Primera Humanidad. Avanza hacia su restauración mediante la historia del pacto.

Referencia de Ecuación de la humanidad:

La Primera Humanidad — (Y + A = PH)

Yahuah → Adam = origen espíritu-primero

Este estado no se revisita. Se supera.

La Tercera Humanidad se Forma Bajo Presión, No Aislamiento

Los Capítulos 3–4 demuestran que la identidad del pacto no sobrevive por evitar corrupción sino por resistencia dentro de ella.

Yitschâq, Yaăqôb y Yoseph no maduran en entornos protegidos sino bajo:

traición interna

exilio

hambruna

- engaño
- opresión imperial

Esto confirma la Regla de interpretación gobernante:

La pureza preservada en aislamiento no produce permanencia.

Referencia de Ecuación de la humanidad:

La Tercera Humanidad — (PM + NW = MH)

Hombres Puros + Mujeres Nefelinas = Humanidad Mixta

La Tercera Humanidad es redimible pero inestable, requiriendo transformación en lugar de reparación.

La Identidad Del pacto es Forjada Mediante Conflicto

La formación de Yasharal demuestra que el avance del pacto requiere:

- rivalidad (Yaăqôb / Êśâw)
- exilio (Haran, Egipto)
- fractura familiar (hijos de Yaăqôb)
- traición (Yoseph)
- inmersión en sistemas corrompidos (Egipto)

Estos no son fracasos del plan. Son instrumentos de formación.

La redención avanza por presión refinando a la alineación.

EGIPTO REVELA LA DIRECCIÓN DE LA REDENCIÓN

El Capítulo 4 establece a Egipto como prueba de interpretación de que la restauración no se retira de la corrupción, sino que la confronta.

- Yahuah envía a Su familia del pacto a un imperio con forma de Nefelinos para:
- multiplicar
- exponer falsos dioses
- juzgar sistemas corrompidos
- revelar Su Nombre
- preparar liberación

Esto confirma un principio central de Yada Yahuah:

La redención opera hacia adelante a través de la corrupción, no hacia atrás hacia la inocencia.

LA META ES RESTAURACIÓN, NO REPARACIÓN

La reparación asume que la corrupción puede ser arreglada.

La transformación reemplaza lealtad, herencia e identidad.

La Tercera Humanidad no regresa a la Primera Humanidad mediante disciplina o ley. Avanza hacia restauración mediante cumplimiento del pacto.

Referencia de la Ecuación de la Restauración de la humanidad:

El Retorno a la Primera Humanidad — (Y + RT = PH)

Yahusha (La Variante perfeccionada) + Transformación de Resurrección =

Primera Humanidad Restaurada
La restauración se logra solo al final, no por reversión.

ENFOQUE DE ALINEACIÓN – CAPÍTULOS 3 Y 4

De estos capítulos, los estudiantes deben aplicar:

- Redención Direccional (hacia adelante, no hacia atrás)
- Pacto Forjado Bajo Presión
- Humanidad Mixta como el Ámbito de Transformación
- Imperios Corrompidos como Instrumentos, No Obstáculos
- Restauración como Culminación, No Reparación

TÉRMINOS CLAVE Y DEFINICIONES (SEMANA 50)

- Transformación

Cambio de naturaleza y lealtad mediante progreso del pacto.

- Cumplimiento

Culminación del origen mediante permanencia probada.

- Progreso

Movimiento hacia adelante hacia la restauración, no reversión a la inocencia.

TAREAS DE ESTUDIO

Pausa y completa lo siguiente:

• Explicar por qué la restauración no puede significar regresar al Edén
• Demostrar cómo Yitschâq, Yaăqôb y Yoseph avanzan a identidad del pacto mediante presión
• Identificar cómo Egipto funciona como un crisol en lugar de una desviación
• Mostrar cómo la transformación cumple el origen sin repetirlo

Usa las Escrituras y los capítulos asignados directamente.
Evita marcos basados en regresión o centrados en reparación.

PENSAMIENTOS FINALES DE LA SEMANA 50

El Edén fue origen.

Yasharal es formación.

La restauración es culminación.

Yahuah no revierte la corrupción.

La supera al terminar lo que comenzó.

REFLEXIÓN FINAL

"Yahuah restaura completando, no repitiendo."

CUATRIMESTRE IV· MES 1 — SEMANA 51

NACIDO DE ARRIBA

Origen, No Reforma

PROPÓSITO DE LA SEMANA 51

Esta semana entrena al estudiante a interpretar correctamente el lenguaje de origen dentro del plan de salvación rechazando lecturas de reforma, mejora y continuidad.

Las Escrituras no describen la emergencia de la Tercera Humanidad como recuperación moral, proximidad del pacto o corrección de conducta. Presenta un nuevo origen iniciado por Yahuah Mismo.

Usando el Libro 4, Capítulos 5–6, los estudiantes son entrenados a identificar cómo Yahuah establece un pueblo mediante procedimientos de nacimiento (sangre, juicio, separación, paso), no mediante desarrollo interno dentro de sistemas corrompidos.

La Semana 51 establece que la redención comienza con origen del Espíritu, no ajuste humano, y que la salvación requiere una ruptura jurisdiccional antes de que la identidad del pacto pueda existir.

LECTURA E INSTRUCCIÓN

- Yôchânân (Juan) 3:3–6

La entrada requiere nacimiento-de-arriba; el origen de carne no puede generar vida de origen del Espíritu.

- Títos (Tito) 3:5

La renovación es regeneración por el Ruach, no mejora basada en obras.

- Yechezqêl (Ezequiel) 36:26–27

Se da un nuevo corazón y espíritu antes de la obediencia del pacto.

Lectura del Libro de Texto del Estudiante

LAS TRES HUMANIDADES: EL ASCENSO DE LA TERCERA HUMANIDAD– LIBRO 4

- Capítulo 5: De la Esclavitud al Éxodo
- Capítulo 6: Señales, Espíritus y Juicio en Egipto

Limitante de Enseñanza: Los capítulos deben leerse como textos procedimentales, no como relatos narrativos. Los estudiantes están analizando cómo se ejecuta la salvación, no qué eventos ocurrieron.

EXPLICACIÓN DIDÁCTICA

El Nacimiento es la Categoría de Interpretación Gobernante
Las Escrituras establecen una regla categórica dentro de Yada Yahuah:
La reforma no equivale a origen
La reforma asume continuidad de naturaleza.
El nacimiento establece discontinuidad de origen.
Al leer los Capítulos 5–6, el estudiante debe tratar todo lenguaje de liberación como establecimiento de origen, no correctivo. Esta regla gobierna Juan 3 y controla cómo se interpreta el material del Éxodo.
Referencia de Ecuación de la humanidad:
La Tercera Humanidad — (PM + NW = MH)
Hombres Puros + Mujeres Nefelinas = Humanidad Mixta
La Humanidad Mixta es redimible pero no auto-originante. Cualquier lectura que asuma reforma interna viola esta regla de categoría.

Los Sistemas Corrompidos No Pueden Generar Identidad Del pacto

LOS CAPÍTULOS 5-6 REQUIEREN QUE LOS ESTUDIANTES HAGAN LA DIFERENCIA ENTRE:

- Ubicación y jurisdicción
- Proximidad al pacto y posesión de vida del pacto

Egipto funciona como un punto de control de interpretación: un sistema plenamente desarrollado no puede producir identidad del pacto desde dentro de sí mismo. Por lo tanto, los estudiantes deben leer la esclavitud, plagas y

separación como desconexión jurisdiccional, no instrucción moral.
Límites de interpretación:
No lea Egipto como un entorno a mejorar.
Léalo como un sistema cuyo reclamo debe ser terminado.

EL DESCENSO DIVINO PRECEDE EL MOVIMIENTO HUMANO

Se establece una secuencia gobernante:
Yahuah desciende → la jurisdicción es afirmada → la separación se vuelve posible
Los estudiantes son entrenados aquí a rechazar lecturas basadas en ascenso (esfuerzo humano alcanzando a Alôhîym). Los Capítulos 5–6 establecen que la salvación comienza con iniciativa divina, no con preparación humana.
Esta regla gobierna cómo la Tercera Humanidad es traída a existencia.
Referencia de Ecuación de la humanidad:

La Tercera Humanidad — (PM + NW = MH)
Hombres Puros + Mujeres Nefelinas = Humanidad Mixta

El Juicio es una Precondición Requerida para un Nuevo Origen
El juicio en los Capítulos 5–6 debe leerse como procedimental, no punitivo.

EL ESTUDIANTE DEBE IDENTIFICAR QUE EL JUICIO:

- Termina reclamos hostiles
- expone autoridad falsificada
- despeja jurisdicción para nueva identidad

Cualquier lectura que trate el juicio como excesivo, simbólico o secundario malentiende su función dentro de la lógica de origen.
El juicio no sigue al nacimiento.
El juicio habilita el nacimiento.

La Sangre Marca Separación Legal, No Logro Moral
La Semana 51 entrena al estudiante a identificar la sangre como indicador de límite, no indicador de mérito.

LA SANGRE SIGNIFICA:

- transferencia de propiedad
- Terminación de reclamo previo
- elegibilidad para paso

Esto establece la Regla de interpretación de que la salvación es marcada, no ganada.
Los estudiantes no deben interpretar el lenguaje de sangre de manera devocional ni metafórica.
Funciona como una señal legal dentro del procedimiento del pacto.

El Paso Establece Nueva Identidad
Los Capítulos 5–6 requieren que el estudiante lea el movimiento no como escape sino como transición de estado.
El patrón controlador es:
jurisdicción antigua → Terminada
nueva identidad → constituida
Esta es la lógica operativa detrás de "nacido de arriba." El paso no es viaje; es reclasificación.

El Nacimiento Sirve al Marco Mayor de Restauración
La Semana 51 también entrena a los estudiantes a mantener el estado final en la vista sin colapsar las etapas.
Referencias de Ecuación de la humanidad:
La Primera Humanidad — (Y + A = PH)
Yahuah → Adam = origen espíritu-primero

El Retorno a la Primera Humanidad — (Y + RT = PH)
Yahuah + Transformación de Resurrección = Primera Humanidad Restaurada
La Tercera Humanidad no equivale a la Primera Humanidad. El nacimiento inicia el proceso que solo será completado en transformación de resurrección.

ENFOQUE DE ALINEACIÓN – CAPÍTULOS 5 Y 6

- Nacimiento vs Reforma como diferencia categórica
- Sistemas corrompidos como barreras jurisdiccionales, no campos de entrenamiento
- Descenso divino como la iniciación de la salvación
- Juicio como necesidad procedimental
- Sangre como separación legal
- Paso como transición de identidad
- Nacimiento como una etapa dentro del arco completo de restauración

TÉRMINOS CLAVE Y DEFINICIONES (SEMANA 51)

- Nacimiento (Del pacto)

Establecimiento de nuevo origen por iniciativa divina.

- Jurisdicción

Autoridad que determina propiedad, lealtad e identidad.

- Separación

Terminación de un reclamo previo habilitando transferencia del pacto.

TAREAS DE ESTUDIO

Pausa y completa lo siguiente:

• Identificar dónde los Capítulos 5–6 prohíben lecturas basadas en reforma
• Demostrar cómo "nacimiento" funciona como categoría de origen, no metáfora
• Explicar por qué el juicio debe preceder la nueva identidad
• Mostrar cómo sangre y paso operan como mecanismos legales
• Aplicar las Ecuaciones de la humanidad para mantener claridad de etapas

Usa las Escrituras y los capítulos asignados directamente.
Evita marcos devocionales, morales o centrados en mejora.

PENSAMIENTOS FINALES DE LA SEMANA 51

La Tercera Humanidad no es corregida hacia la existencia.

Referencia de Ecuación de la humanidad:

La Tercera Humanidad – (PM + NW = MH)

Es traída a ser mediante acción divina que termina una jurisdicción y establece otra. El nacimiento, no la reforma, gobierna cómo debe leerse la salvación.

REFLEXIÓN FINAL

Lo que nace no puede ser reparado para llegar a existir.

CUATRIMESTRE IV· MES 1 — SEMANA 52

CUMPLIMIENTO DEL PACTO

Restauración Sin Reemplazo

PROPÓSITO DE LA SEMANA 52

Esta semana entrena al estudiante a interpretar correctamente la continuidad del pacto dentro del plan de salvación rechazando lecturas basadas en reemplazo y malas interpretaciones del fracaso.

Las Escrituras no presentan el pacto como condicionado a pureza, éxito o estabilidad. Presentan el pacto como preservado, disciplinado y cumplido a través del tiempo, aun cuando la corrupción dentro del pueblo es expuesta.

Usando el Libro Cuatro, Capítulos 7–8, los estudiantes son entrenados a identificar cómo Yahuah sostiene, disciplina y hace avanzar una Tercera Humanidad sin descartar el pacto, revelando restauración como cumplimiento más que cancelación o sustitución.

LECTURA E INSTRUCCIÓN

- Yirmeyahu (Jeremías) 31:31–34

La renovación internaliza la instrucción del pacto; no abole la estructura del pacto.

- Mattithyâhû (Mateo) 5:17

El cumplimiento completa el propósito del pacto; no niega la instrucción previa.

- Róměos (Romanos) 8:1–4

El requisito del pacto se cumple mediante vida transformada, no por imposición externa.

LECTURA DEL LIBRO DE TEXTO DEL ESTUDIANTE

Las Tres Humanidades: El Ascenso de La Tercera Humanidad — Libro 4

- Capítulo 7: El Mar, el Becerro y la Tercera Humanidad
- Capítulo 8: Los Cuarenta Años en el Desierto

Limitante de Enseñanza: Los capítulos deben leerse como estudios de caso del pacto, no narrativas morales. Los estudiantes están evaluando cómo el pacto responde al fracaso, no relatando eventos.

EXPLICACIÓN DIDÁCTICA

El Pacto es Preservado a Través del Fracaso, No Invalidado por Él

Las Escrituras establecen una Regla de interpretación gobernante dentro de Yada Yahuah:

El fracaso no equivale a terminación del pacto

Al leer los Capítulos 7–8, el estudiante debe resistir lecturas que traten rebelión, inestabilidad o corrupción como evidencia de que el pacto ha fallado o ha sido revocado.

La presencia de juicio, disciplina y demora indica aplicación del pacto, no abandono del pacto.

Referencia de Ecuación de la humanidad:

La Tercera Humanidad — (PM + NW = MH)
Hombres Puros + Mujeres Nefelinas = Humanidad Mixta

La Humanidad Mixta es inestable por definición. Por lo tanto, la inestabilidad no puede usarse como criterio para reemplazo del pacto.

LA LIBERACIÓN NO EQUIVALE A CULMINACIÓN

La Semana 52 entrena al estudiante a separar los eventos de liberación de la culminación de la restauración.

Cruzar el mar Termina la jurisdicción de Egipto.
No completa la transformación interna.
Los estudiantes deben leer los Capítulos 7–8 con esta diferencia intacta.
Cualquier lectura que asuma que la salvación debe eliminar lucha, rebelión o disciplina identifica mal la etapa del plan.
Esto preserva la secuencia correcta dentro del plan de salvación.

La Presencia Divina Aumenta Cuando se Revela la Inestabilidad
Un control de interpretación crítico emerge en el material del desierto:
La exposición de corrupción resulta en incremento de presencia divina, no retiro.
Columna, maná, agua, preservación y guía deben leerse como mecanismos de refuerzo del pacto, no recompensas por obediencia.
Los estudiantes son entrenados aquí a rechazar lecturas transaccionales del pacto (obediencia → presencia). La presencia precede y sostiene la obediencia.

La Disciplina Funciona para Preservar la Trayectoria del pacto

Los episodios de juicio en los Capítulos 7–8 deben interpretarse como corrección de trayectoria, no eliminativos.
El becerro de oro, las rebeliones del desierto y el juicio serpentino (saraph nachash) exponen corrupción no resuelta, sin embargo, el pacto continúa hacia adelante. La disciplina opera para prevenir descarrilamiento, no para justificar reemplazo.

LÍMITES DE INTERPRETACIÓN:

No lea el juicio como evidencia de rechazo.
Léalo como contención del pacto.

El Desierto es una Zona de Preservación, No un Desvío
La Semana 52 requiere que los estudiantes lean el desierto como un entorno del

pacto intencional.
El desierto no retrasa el cumplimiento accidentalmente. Funciona como un espacio controlado donde una Tercera Humanidad puede ser sostenida a pesar de la inestabilidad interna y hostilidad espiritual externa.
Referencia de Ecuación de la humanidad:
La Tercera Humanidad — (PM + NW = MH)
Hombres Puros + Mujeres Nefelinas = Humanidad Mixta
Esta etapa existe porque la Humanidad Mixta aún no puede soportar la culminación sin transformación.

La Sanidad Viene por Mirar, No por Ejecutar
El episodio del śârâph de bronce entrena una Regla de interpretación precisa:
La sanidad es concedida por alineación con la provisión de Yahuah, no por corrección humana.
Los estudiantes deben leer este evento como un indicador procedimental que apunta hacia adelante al cumplimiento, no como un milagro aislado o lección moral.
Referencia de Ecuación de la humanidad:

La Tercera Humanidad — La Variante (Y ⊕ HW = Y)
Yahuah (Ruach) + Mujer Humana (Miryam) = Yahusha
La figura levantada establece la vía de cumplimiento sin reemplazar al pueblo del pacto.

El Cumplimiento Completa el Pacto Sin Sustitución
La Semana 52 mantiene el límite de interpretación final:
El pacto no es reemplazado por el Mesías.
El pacto es cumplido mediante el Mesías.
Referencias de Ecuación de la humanidad:

La Primera Humanidad — (Y + A = PH)

Yahuah → Adam = origen espíritu-primero

El Retorno a la Primera Humanidad — (Y + RT = PH)

Yahuah + Transformación de Resurrección = Primera Humanidad Restaurada

Los estudiantes deben retener integridad de etapas: el cumplimiento completa lo que el pacto comenzó; no borra etapas o pueblos anteriores.

ENFOQUE DE ALINEACIÓN – CAPÍTULOS 7 Y 8

- El fracaso no anula el pacto
- La liberación no equivale a culminación
- La presencia aumentada sigue a inestabilidad expuesta
- La disciplina preserva la trayectoria del pacto
- El desierto funciona como preservación intencional
- Sanidad mediante provisión divina, no desempeño
- Cumplimiento sin reemplazo

TÉRMINOS CLAVE Y DEFINICIONES (SEMANA 52)

- Cumplimiento del pacto

Culminación del propósito del pacto sin cancelación o sustitución.

- Preservación

Sostener identidad del pacto mediante disciplina y presencia en medio de inestabilidad.

- Alineación

Reordenamiento gradual bajo autoridad divina en lugar de perfección instantánea.

TAREAS DE ESTUDIO

Pausa y completa lo siguiente:

• Identificar dónde los Capítulos 7–8 prohíben lecturas basadas en reemplazo

• Demostrar cómo la continuidad del pacto es preservada a pesar de rebelión

• Explicar por qué la disciplina del desierto no señala fracaso del pacto

• Mostrar cómo el śârâph de bronce funciona como un indicador de cumplimiento, no una sustitución

• Aplicar las Ecuaciones de la humanidad para mantener claridad de etapas

Usa las Escrituras y los capítulos asignados directamente.

Evita teología de reemplazo y marcos de desempeño moral.

PENSAMIENTOS FINALES DE LA SEMANA 52

El pacto no falla porque la humanidad es inestable.

Referencia de Ecuación de la humanidad:

La Tercera Humanidad – (PM + NW = MH)

Yahuah cumple el pacto preservando, disciplinando y transformando a Su pueblo hasta que se logra la culminación.

REFLEXIÓN FINAL

"El cumplimiento completa el pacto; no lo reemplaza."

CUATRIMESTRE IV· MES 1

REFUERZO CENTRAL

Origen · Transformación · Cumplimiento

FUNCIÓN DEL REFUERZO CENTRAL

Este refuerzo existe para fijar postura de interpretación para todo el mes.

ASEGURA QUE LOS ESTUDIANTES:

- No colapsen etapas
- No moralicen procesos del pacto
- No introduzcan lógica de reemplazo
- No lean resultados dentro de procedimientos prematuramente

Este módulo gobierna cómo todo el material en las Semanas 49–52 debe leerse, sin importar el detalle narrativo.

Eje De interpretación a nivel de Maestría (Control a Nivel de Mes)
Origen → Transformación → Cumplimiento

Estas son etapas no intercambiables dentro de Yada Yahuah.

- El origen establece existencia
- La transformación reconfigura alineación
- El cumplimiento completa el propósito del pacto

Cualquier lectura que fusione estas etapas produce distorsión doctrinal.

Control de Estado de la humanidad (Referencia Obligatoria)
Toda interpretación en el Cuatrimestre IV · Mes 1 debe mantener claridad de etapas usando las ecuaciones fijadas.

LA PRIMERA HUMANIDAD

(Y + A = PH)

Origen espíritu-primero
Este estado no es reingresado por la historia.

LA TERCERA HUMANIDAD
(PM + NW = MH)
Humanidad Mixta
Este es el ámbito del pacto activo de este mes.
La inestabilidad se asume.
El fracaso se espera.
Preservación—no reemplazo—es la regla operativa.

LA TERCERA HUMANIDAD — LA VARIANTE
(Y ⊕ HW = Y)
La transformación comienza
Este es el mecanismo de cumplimiento, no cancelación del pacto.

EL RETORNO A LA PRIMERA HUMANIDAD
(Y + RT = PH)
Restauración final
Esto es futuro, no logrado en el desierto.

REGLAS DE INTERPRETACIONES A NIVEL DE MES (NO NEGOCIABLES)

Regla 1: La Liberación no equivale a Culminación
Los eventos del Éxodo Terminan jurisdicción hostil.
No completan restauración.
Los estudiantes nunca deben leer liberación como llegada.

Regla 2: La Exposición de Corrupción no equivale a Fracaso del pacto
Rebelión, idolatría e inestabilidad revelan la condición de la Tercera Humanidad.
No invalidan el pacto.
El juicio funciona como contención, no rechazo.

Regla 3: La Presencia Aumenta Donde la Inestabilidad Es Expuesta
Dentro del Cuatrimestre IV · Mes 1:

- La presencia divina se intensifica
- La supervisión aumenta
- La provisión se vuelve constante

La presencia no se basa en recompensa.
Se basa en preservación.

Regla 4: El Desierto es Intencional, No Accidental
El desierto siempre debe leerse como:

- Un entorno controlado
- Una zona de preservación
- Un corredor de transformación

Nunca es un desvío, retraso o espacio solo de castigo.

Regla 5: El Cumplimiento Nunca Reemplaza el Pacto
El Mesías cumple el pacto funcionalmente.
No reemplaza:

- Al pueblo
- El pacto
- El proceso

Cualquier lectura que implique sustitución viola la lógica central del mes.

Errores De interpretaciones Comunes que este Refuerzo Previene
Los estudiantes deben ser entrenados a rechazar activamente:

- Modelos de regresión al Edén
- Marcos de salvación por mejora moral
- Yada Yahuah de Reemplazo
- Suposiciones de perfección en la liberación
- Lecturas centradas en eventos divorciadas de secuencia del pacto

Estos son fallos de lectura, no desacuerdos doctrinales.

Resultado a Nivel de Mes (Lo que el Estudiante Ahora Debe Poder Hacer)

Al final del Cuatrimestre IV · Mes 1, un estudiante debe poder:

- dentificar a qué etapa de la humanidad pertenece un pasaje
- Aplicar la ecuación correcta sin explicación
- Hacer la diferencia de procedimiento y resultado
- Leer el fracaso como datos, no descalificación
- Mantener la continuidad del pacto sin colapsar el cumplimiento hacia adelante

Esto es madurez de interpretación, no logro de creencia.

DECLARACIÓN FINAL DE REFUERZO

El Cuatrimestre IV · Mes 1 enseña una disciplina gobernante:
Yahuah no abandona el pacto porque la humanidad es inestable.
Él cumple el pacto llevando la inestabilidad hacia adelante hasta que la transformación esté completa.
La claridad de etapas preserva la verdad.

CUATRIMESTRE IV· MES 2
LA TERCERA HUMANIDAD – FORMACIÓN Y PROCESO

VISIÓN GENERAL DEL MÓDULO

Cómo se Forma la Tercera Humanidad

El Mes 2 establece cómo se forma la Tercera Humanidad una vez que su necesidad ha sido probada.

Las Escrituras no presentan la restauración como un ajuste legal, mejora moral o corrección institucional. En cambio, revelan la formación como un proceso divino y ordenado en el cual la corrupción es removida, la vieja identidad es terminada, se introduce un nuevo origen, y la obediencia emerge de alineación interna más que de imposición externa.

Este mes corrige los errores comunes de Yada Yahuah que asumen:

el perdón completa la restauración

- la obediencia puede ser producida por ley, liderazgo o coerción
- la regeneración puede ocurrir sin la muerte de la vieja humanidad
- sistemas, pactos o linaje pueden generar nueva vida

Las Escrituras enseña lo contrario.

Al final de este mes, el estudiante entenderá que:

- La Tercera Humanidad es formada, no reformada
- La redención opera por eliminación y reemplazo, no coexistencia
- La regeneración se origina solo por el Espíritu de Yahuah
- La vieja humanidad debe morir completamente antes de que la nueva pueda nacer
- Los sistemas externos llegan a agotamiento antes de que aparezca renovación interna
- La obediencia fluye de naturaleza restaurada, no de autoridad impuesta

COBERTURA DE CAPÍTULOS

El Mes 2 entrena al estudiante a interpretar la salvación como proceso y progreso, no evento o estado.

Usando los capítulos asignados, los estudiantes:

- Identificarán la redención como una acción de dos partes (eliminación → reemplazo)
- Reconocerán la regeneración como origen del Espíritu, no liderazgo o herencia
- Rastrearán la Terminación de la vieja humanidad mediante profetas, imperios y silencio
- Hacer la diferencia entre el nacimiento de la nueva humanidad de reforma de viejos sistemas
- Establecerán obediencia como ley escrita en el corazón, no imposición externa
- Entenderán formación como preparación para restauración, no restauración misma

Las Tres Humanidades™ — El Ascenso de la Tercera Humanidad – Libro 4
(Proceso, Medios y Acción Divina)

CUATRIMESTRE IV - MES 2 - SEMANA 53

Libro 4 — Capítulos 9–10

- Gigantes (Nefelinos), Falsos Profetas y el Ascenso de Yahusha Hijo de Nun
- Yahusha Hijo de Nun y la Guerra Contra las Naciones Nefelinos

Enfoque de Formación:
Eliminación de lo que no puede heredar → reemplazo con portadores fieles

Las Tres Humanidades™ — El Ascenso de la Tercera Humanidad – Libro 4

CUATRIMESTRE IV - MES 2 -SEMANA 54

Libro 4 — Capítulos 11–12

- La Era de los Jueces, el Rechazo de Yahuah y el Ascenso de los Reyes
- El Ascenso de los Reyes y el Establecimiento del Trono del pacto

Enfoque de Formación:

El liderazgo expone fracaso de origen → se requiere regeneración

Las Tres Humanidades™ — El Ascenso de la Tercera Humanidad - Libro 4

Cuatrimestre IV - Mes 2 - Semana 55

Libro 4 — Capítulos 13–14

- La Era de los Profetas, el Ascenso de Imperios y el Llamado Final de Malâkîy
- El Silencio de Cuatrocientos Años y el Mundo Preparado para el Mesías

Enfoque de Formación:

Muerte del orden viejo → cierre jurídico antes del nacimiento

Las Tres Humanidades™ — La Restauración de Yahuah - Libro 4

CUATRIMESTRE IV - MES 2 - SEMANA 56

Libro 5 — Capítulos 1–2

- El Imperio de Hierro — Cómo el Sistema-Mundial de Nimrod Se Convirtió en el Mundo de Roma
- La Humanidad para la Llegada de Yahusha Ha'Mashiyach

Enfoque de Formación:

Sistemas externos agotados → ley escrita en el corazón

Declaración de Continuidad Estructural

El Mes 1 estableció por qué se requiere una Tercera Humanidad.

El Mes 2 establece cómo se forma esa humanidad.

Necesidad → Proceso
Introducción → Formación
Llamado → Preparación
El Mes 2 no completa la restauración.
Forma la humanidad que la recibirá.

CUATRIMESTRE IV· MES 2 — SEMANA 53

EL PLAN DE REDENCIÓN DE DOS PARTES DE YAHUAH

Eliminación y Reemplazo

PROPÓSITO DE LA SEMANA 53

Esta semana entrena al estudiante a interpretar correctamente la eliminación y el reemplazo como una regla procedimental gobernante dentro del plan de salvación.

Las Escrituras no presentan la redención como permiso para que la corrupción permanezca. Presentan la redención como una acción de dos partes: lo que está corrompido es removido, y lo que puede heredar es levantado e instalado.

Usando el Libro Cuatro, Capítulos 9–10, los estudiantes son entrenados a identificar cómo Yahuah hace avanzar el cumplimiento del pacto terminando elementos irredimibles (generaciones, linajes de sangre y fortalezas) e instalando portadores obedientes del propósito del pacto.

La Semana 53 establece que el perdón por sí solo no produce herencia; la herencia requiere reemplazo.

LECTURA E INSTRUCCIÓN

- Yasha'yahu (Isaías) 53:5–6

La eliminación de la transgresión precede a la sanidad.

- Rómĕos (Romanos) 6:6–11

La vieja humanidad es puesta a muerte para que la nueva vida pueda operar.

- Êber (Hebreos) 9:26

El pecado es removido, no manejado ni acomodado.

Lectura del Libro de Texto del Estudiante

Las Tres Humanidades: El Ascenso de La Tercera Humanidad — Libro Cuatro

- Capítulo 9: Gigantes (Nefelinos), Falsos Profetas y el Ascenso de Yahusha Hijo de Nun
- Capítulo 10: Yahusha Hijo de Nun y la Guerra Contra las Naciones Nefelinas

Limitante de Enseñanza: Estos capítulos deben leerse como demostraciones procedimentales, no argumentos éticos o narrativas históricas. El estudiante está identificando cómo Yahuah hace avanzar la redención, no por qué ocurre la conquista.

EXPLICACIÓN DIDÁCTICA

La Eliminación es un Requisito Del pacto, No una Reacción Punitiva
Las Escrituras establecen una regla procedimental dentro de Yada Yahuah:
La herencia no equivale a solo perdón
Al leer los Capítulos 9–10, los estudiantes deben hacer la diferencia entre liberación y calificación para heredar. La generación del desierto no es rechazada emocionalmente; es removida procedimentalmente porque la incredulidad impide herencia.
Referencia de Ecuación de la humanidad:

La Tercera Humanidad — (PM + NW = MH)
Hombres Puros + Mujeres Nefelinas = Humanidad Mixta
La Humanidad Mixta es redimible pero inestable. La inestabilidad se tolera temporalmente; la incredulidad que rehúsa alineación no.

La Eliminación Generacional Preserva la Promesa Sin Alterarla
El Capítulo 9 entrena al estudiante a leer la muerte generacional como contención, no fracaso del pacto.
La promesa permanece sin cambio.
Los portadores son reemplazados.
No lea la muerte de la generación del desierto como colapso del pacto.
Léala como protección del pacto.

El Reemplazo Requiere Portadores Preparados

Yahusha hijo de Nun debe leerse como un instrumento de reemplazo, no meramente un sucesor.
El reemplazo no introduce una nueva promesa.
Instala un portador capaz de ejecutar la existente.
Esto preserva continuidad mientras habilita avance.
Referencia de Ecuación de la humanidad:

La Tercera Humanidad — (PM + NW = MH)
Hombres Puros + Mujeres Nefelinas = Humanidad Mixta
El reemplazo ocurre dentro de la etapa de la Tercera Humanidad, no fuera de ella.

Los Linajes de Sangre Corrompidos son Tratados Diferente que los Individuos Corrompidos
Los Capítulos 9–10 establecen un límite de interpretación crítico:
La corrupción irredimible es removida.
Los individuos redimibles pueden alinearse y vivir.
Los estudiantes no deben colapsar esta diferencia. Los linajes Nefelinos y sus sistemas son tratados como corrupción estructural, no fracaso moral. La eliminación aquí es restaurada a la creación, no punitiva hacia personas.
Límites de interpretación:
No lea la conquista como juicio étnico o moral.
Léala como saneamiento creacional.

La Guerra Funciona como Eliminación, No Expansión
La Semana 53 entrena al estudiante a leer la guerra como limpieza procedimental, no ambición territorial.
La Tierra no puede hospedar vida del pacto mientras estructuras corrompidas retengan jurisdicción. La eliminación despeja el entorno para que la vida del pacto pueda operar sin contaminación.

Esto se alinea con la regla de redención de dos partes:

- Remover lo que corrompe
- Instalar lo que puede sostener vida

El Reemplazo es Progresivo pero Decisivo
La guerra prolongada demuestra que el reemplazo no es instantáneo. Yahuah remueve por etapas e instala gradualmente para mantener orden y estabilidad.
Regla de interpretación:
No confunda ejecución gradual con intención incompleta.
El reemplazo es definitivo aun cuando el proceso es extendido.

El Cumplimiento Avanza Sin Alterar el Plan
La Semana 53 refuerza que el reemplazo no revisa la intención del pacto.
Habilita la ejecución del pacto.
Referencias de Ecuación de la humanidad:
La Primera Humanidad — (Y + A = PH)
Yahuah → Adam = origen espíritu-primero
La Tercera Humanidad — (PM + NW = MH)
Humanidad Mixta en formación
El Retorno a la Primera Humanidad — (Y + RT = PH)
La restauración final permanece futura
La eliminación y el reemplazo operan dentro de la etapa de la Tercera Humanidad para preservar la trayectoria hacia la restauración final.

ENFOQUE DE ALINEACIÓN – CAPÍTULOS 9 Y 10

- El perdón no equivale a herencia
- La incredulidad detona eliminación, no revisión de promesa
- El reemplazo instala portadores capaces
- La corrupción estructural es eliminada, no rehabilitada
- La guerra funciona como limpieza
- El reemplazo puede ser progresivo, pero es decisivo
- La continuidad del pacto es preservada en todo momento

TÉRMINOS CLAVE Y DEFINICIONES (SEMANA 53)

- Eliminación

Terminación de corrupción que no puede heredar el propósito del pacto.

- Reemplazo

Instalación de portadores alineados capaces de sostener la ejecución del pacto.

- Herencia

Ocupación del pacto que requiere alineación, no meramente perdón.

TAREAS DE ESTUDIO

Pausa y completa lo siguiente:

• Identificar dónde los Capítulos 9–10 requieren eliminación antes del avance
• Demostrar cómo la generación del desierto ilustra contención, no rechazo
• Mostrar cómo Yahusha hijo de Nun funciona como reemplazo sin alterar el pacto
• Hacer la diferencia entre estructuras irredimibles e individuos redimibles
• Aplicar las Ecuaciones de la humanidad para mantener claridad de etapas

Usa las Escrituras y los capítulos asignados directamente.

Evita modelos que equiparan perdón con permiso para que la corrupción permanezca.

PENSAMIENTOS FINALES DE LA SEMANA 53

El pacto no avanza por negociación con la corrupción.

Referencia de Ecuación de la humanidad:

La Tercera Humanidad – (PM + NW = MH)

Lo que no puede heredar es removido.

Lo que puede heredar es levantado.

Esto es restauración por diseño, no destrucción.

REFLEXIÓN FINAL

"No puedes instalar vida donde la corrupción rehúsa la eliminación."

CUATRIMESTRE IV· MES 2 — SEMANA 54

REGENERACIÓN POR EL ESPÍRITU

Origen de la Nueva Humanidad

PROPÓSITO DE LA SEMANA 54

Esta semana entrena al estudiante a interpretar correctamente el origen del Espíritu dentro del plan de salvación rechazando lecturas de renovación basadas en linaje, liderazgo e institución.

Las Escrituras no presentan el cargo de juez, la monarquía, el territorio o el oficio del pacto como fuentes de la nueva humanidad. Estas estructuras funcionan como contenedores, no generadores. La regeneración se origina solo donde actúa el Espíritu de Yahuah.

Usando el Libro Cuatro, Capítulos 11–12, los estudiantes son entrenados a identificar cómo la liberación repetida sin regeneración produce inestabilidad, y cómo la acción del Espíritu—temporal o permanente—define si la vida del pacto puede sostenerse.

LECTURA E INSTRUCCIÓN

- Yôchânân (Juan) 1:12–13

La nueva humanidad nace de Alôhîym, no de linajes de sangre, voluntad de carne o autoridad humana.

- Títos (Tito) 3:5

La renovación ocurre mediante regeneración por el Espíritu, no reforma o herencia.

- Róměos (Romanos) 8:9–11

El Espíritu morando define pertenencia, vida e identidad.

Lectura del Libro de Texto del Estudiante

Las Tres Humanidades: El Ascenso de La Tercera Humanidad — Libro Cuatro

- Capítulo 11: La Era de los Jueces, el Rechazo de Yahuah y el Ascenso de los Reyes

- Capítulo 12: El Ascenso de los Reyes y el Establecimiento del Trono del pacto

Limitante de Enseñanza: Estos capítulos deben leerse como textos diagnósticos, no estudios de liderazgo o biografías morales. El estudiante está identificando fuentes de origen, no evaluando éxito de carácter.

EXPLICACIÓN DIDÁCTICA

Posesión Sin Regeneración Produce Colapso

Las Escrituras establecen una Regla de interpretación gobernante:

La herencia no equivale a regeneración

Los Capítulos 11–12 requieren que el estudiante distinga entre ocupar espacio del pacto y originar vida del pacto. La generación post-Yahusha hereda Tierra, pero no identidad de origen del Espíritu. Esta diferencia explica fracaso cíclico sin invocar abandono del pacto.

Referencia de Ecuación de la humanidad:

La Tercera Humanidad — (PM + NW = MH)

Hombres Puros + Mujeres Nefelinas = Humanidad Mixta

La Humanidad Mixta puede heredar territorio y oficio sin poseer nuevo origen.

Los Jueces Revelan Acción Temporal del Espíritu, No Nuevo Origen

Los jueces deben leerse como intervenciones activadas por el Espíritu, no eventos regenerativos.

- El Espíritu viene sobre jueces para liberar.
- El Espíritu no mora en el pueblo para regenerar.

Esto explica repetición sin avance. La liberación resuelve crisis; la regeneración reemplaza naturaleza. Los Capítulos 11–12 entrenan al estudiante a separar estas funciones.

El Fracaso Cíclico es Evidencia de Deficiencia de Origen

El ciclo repetido en Jueces no es desobediencia aleatoria. Es evidencia procedimental de que el origen no ha cambiado.

LÍMITES DE INTERPRETACIÓN:

No lea repetición como terquedad solamente.
Lea repetición como ausencia de vida de origen del Espíritu.
Esto preserva la lógica de redención de dos partes introducida en la Semana 53: la eliminación precede al reemplazo; la liberación por sí sola es insuficiente.

La Realeza Expone los Límites de la Autoridad Estructural
La transición a monarquía funciona como una prueba de estrés para autoridad basada en la carne.

LOS ESTUDIANTES DEBEN LEER A SHAUL COMO EVIDENCIA DE QUE:

- La posición sin regeneración colapsa.
- La autoridad sin alineación del Espíritu desestabiliza la ejecución del pacto.

La realeza no resuelve el problema de origen. Lo revela.

DAWID DEMUESTRA ALINEACIÓN SIN CULMINACIÓN

Dawid no debe leerse ni como perfección idealizada ni como fracaso descartado.
Regla de interpretación:

- Dawid demuestra alineación del Espíritu, no humanidad regenerada.
- La alineación habilita autoridad; no reemplaza naturaleza.

Esto explica tanto las victorias de Dawid como su fractura moral sin colapsar la lógica del pacto.
Referencia de Ecuación de la humanidad:

La Tercera Humanidad — (PM + NW = MH)
La Humanidad Mixta permanece la etapa operativa.

El Empoderamiento Temporal del Espíritu No Es Morada
La interacción del Espíritu en los Capítulos 11–12 es selectiva, situacional y removible.

LOS ESTUDIANTES NO DEBEN CONFUNDIR:

- Empoderamiento para tarea

con

- Morada para regeneración

Esta diferencia preserva la necesidad de una futura humanidad de origen del Espíritu.

La Regeneración Requiere un Nuevo Mecanismo de Origen
La Semana 54 entrena al estudiante a sostener la regeneración hacia adelante, no hacia atrás.
Referencia de Ecuación de la humanidad:

La Tercera Humanidad — La Variante (Y ⊕ HW = Y)
Yahuah (Ruach) + Mujer Humana (Miryam) = Yahusha

LOS CAPÍTULOS 11-12 PREPARAN PARA ESTE MECANISMO DEMOSTRANDO QUE:

- Los jueces no pueden regenerar
- Los Reyes no pueden regenerar
- El linaje no puede regenerar

Solo el nacimiento de origen del Espíritu puede.

ENFOQUE DE ALINEACIÓN – CAPÍTULOS 11 Y 12

- El territorio no equivale a transformación
- La liberación no equivale a regeneración
- El empoderamiento temporal del Espíritu no equivale a morada
- La autoridad estructural expone deficiencia de origen
- La alineación habilita función sin completar restauración
- La regeneración requiere un nuevo mecanismo de origen

TÉRMINOS CLAVE Y DEFINICIONES (SEMANA 54)

- Regeneración

Creación del nuevo origen mediante la acción directa del Espíritu.

- Empoderamiento

Habilitación temporal del Espíritu para función sin reemplazo de naturaleza.

- Morada

Presencia permanente del Espíritu estableciendo identidad y vida.

TAREAS DE ESTUDIO

Pausa y completa lo siguiente:

• Identificar dónde los Capítulos 11–12 prohíben lecturas de regeneración basadas en linaje

• Demostrar cómo los jueces ilustran la acción del Espíritu sin cambio de origen

• Explicar por qué la realeza falla en resolver el problema de regeneración

• Hacer la diferencia entre empoderamiento de morada usando las Escrituras asignadas

• Aplicar las Ecuaciones de la humanidad para preservar claridad de etapas

Usa las Escrituras y los capítulos asignados directamente.

Evita marcos basados en liderazgo, éxito o herencia.

PENSAMIENTOS FINALES DE LA SEMANA 54

La Tercera Humanidad no puede ser regenerada por mejores líderes, sistemas más fuertes o autoridad heredada.

Referencia de Ecuación de la humanidad:

La Tercera Humanidad – (PM + NW = MH)

El origen cambia solo cuando el Espíritu origina vida.

REFLEXIÓN FINAL

"Lo que no nace del Espíritu no puede vivir por el Espíritu."

CUATRIMESTRE IV· MES 2 — SEMANA 55

MUERTE DE LA VIEJA HUMANIDAD Y NACIMIENTO DE LA NUEVA

Transición de Identidad

PROPÓSITO DE LA SEMANA 55

Esta semana entrena al estudiante a interpretar correctamente la transición dentro del plan de salvación identificando la finalidad como un requisito previo para nuevo origen.

Las Escrituras no presentan los profetas, exilio, imperios o silencio como mecanismos de reforma. Funcionan como procedimientos de la terminación que agotan la autoridad, veracidad y capacidad del orden viejo para que una nueva humanidad pueda ser introducida.

Usando el Libro Cuatro, Capítulos 13–14, los estudiantes son entrenados a leer juicio, desplazamiento y silencio profético como indicadores de muerte-de-sistema, no pausas o retrocesos. El nacimiento sigue solo después de que la jurisdicción de la vieja humanidad ha sido plenamente concluida.

LECTURA E INSTRUCCIÓN

- Galátis (Gálatas) 2:20

La vida vieja es terminada para que la nueva vida pueda operar.

- Kolosse (Colosenses) 3:9–10

El yo viejo es quitado completamente; se requiere reemplazo.

- 2 Korínthios 5:17

El lenguaje de la nueva creación señala la transición irreversible de la identidad.
Lectura del Libro de Texto del Estudiante
Las Tres Humanidades: El Ascenso de La Tercera Humanidad — Libro Cuatro

- Capítulo 13: La Era de los Profetas, el Ascenso de Imperios y el Llamado Final de Malâkîy

- Capítulo 14: El Silencio de Cuatrocientos Años y el Mundo Preparado para el Mesías

Limitante de Enseñanza: Estos capítulos deben leerse como textos de cierre, no narrativas de avivamiento. El estudiante está identificando dónde y cómo termina el orden viejo, no rastreando intentos de mejora.

EXPLICACIÓN DIDÁCTICA

El Ministerio Profético Señala Terminación, No Reparación

Las Escrituras establecen una Regla de interpretación gobernante:

La exposición no equivale a restauración

En los Capítulos 13–14, la actividad profética debe leerse como acusación del pacto. Los profetas no estabilizan el sistema; anuncian su insuficiencia y fin inminente. El incremento de confrontación profética indica agotamiento sistémico.

Referencia de Ecuación de la humanidad:

La Segunda Humanidad — (AW + HW = N) & (NM + PW = N)

La corrupción originada de poderes caídos no puede ser corregida dentro de la historia.

Los Imperios Funcionan como Instrumentos de Agotamiento

Babilonia, Persia, Grecia y Roma deben leerse como presiones terminales aplicadas al orden viejo. Cada imperio expone un límite diferente—idolatría, legalismo, filosofía o poder—demostrando que ninguna estructura gobernada por la vieja humanidad puede sostener vida del pacto.

Límites de interpretación:

No lea los imperios como oportunidades de reforma.

Léelos como despojo jurisdiccional.

El Exilio Remueve Autoridad Sin Crear Nuevo Origen
El exilio opera como desplazamiento, no regeneración. Los Capítulos 13–14 entrenan al estudiante a separar la eliminación del privilegio de creación de vida. La línea del pacto es preservada, pero el origen permanece sin cambio.
Referencia de Ecuación de la humanidad:

La Tercera Humanidad — (PM + NW = MH)
La Humanidad Mixta persiste a través del exilio sin reemplazo interno.

El Silencio Marca Cierre Jurídico
Los cuatrocientos años de supuesto silencio deben leerse como finalidad procedimental. Sin profetas, sin visiones y sin intervención indican que el ciclo administrativo de la vieja humanidad ha terminado.
Regla de interpretación:
El silencio no es ausencia.
El silencio es terminación.
Este cierre previene soluciones híbridas y prepara para un evento de nuevo origen.

La Muerte Precede al Nacimiento como Ley Estructural
La Semana 55 impone una secuencia no negociable:
Terminación → Introducción
Cualquier lectura que coloque regeneración dentro de la era profética viola esta secuencia. El nacimiento requiere un orden concluido.

Referencia de Ecuación de la humanidad:
La Tercera Humanidad — La Variante (Y ⊕ HW = Y)
La nueva humanidad entra a la historia solo después de que termina la jurisdicción vieja.

El Mesías Introduce, No Repara
Cuando el Mesías llega, no reforma instituciones, ni restaura imperios ni revive sistemas proféticos. Introduce nueva creación.
Esto confirma el límite de interpretación de la Semana 55:
La transición no es continuidad.
El nacimiento no es evolución.

La Transición Preserva la Trayectoria de Restauración
La Semana 55 también requiere que se mantenga integridad de etapas:

- La vieja humanidad Termina
- La nueva humanidad comienza
- La restauración final permanece futura

Referencias de Ecuación de la humanidad:
La Primera Humanidad — (Y + A = FH)
Origen espíritu-primero (no reingresado históricamente)
El Retorno a la Primera Humanidad — (Y + RT = FH)
Yahusha (La Variante perfeccionada) + Transformación de Resurrección = Primera Humanidad Restaurada
La restauración final permanece escatológica

ENFOQUE DE ALINEACIÓN – CAPÍTULOS 13 Y 14

- Los profetas acusan; no reparan
- Los imperios agotan autoridad vieja
- El exilio remueve privilegio, no naturaleza
- El silencio señala cierre
- La muerte precede al nacimiento
- El Mesías introduce nuevo origen
- La integridad de etapas debe preservarse

TÉRMINOS CLAVE Y DEFINICIONES (SEMANA 55)

- Terminación

La autoridad concluida de un orden corrompido.

- Transición

El límite entre jurisdicción terminada y nuevo origen.

- Nueva Creación

Una humanidad introducida con un origen distinto, no una forma mejorada de la vieja.

TAREAS DE ESTUDIO

Pausa y completa lo siguiente:

• Identificar dónde los Capítulos 13–14 requieren Terminación del sistema antes de renovación

• Demostrar cómo la actividad profética expone finalidad, no reforma

• Explicar por qué el silencio funciona como cierre jurídico

• Mostrar por qué la nueva humanidad solo podía ser introducida después de este cierre

• Aplicar las Ecuaciones de la humanidad para mantener claridad de etapas

Usa las Escrituras y los capítulos asignados directamente.

Evita modelos de coexistencia o basados en continuidad.

PENSAMIENTOS FINALES DE LA SEMANA 55

La vieja humanidad no es sanada hacia nueva vida.

Referencia de Ecuación de la humanidad:

La Tercera Humanidad – (PM + NW = MH)

Es llevada a un fin para que una nueva humanidad pueda comenzar.

REFLEXIÓN FINAL

"El nacimiento requiere un final."

CUATRIMESTRE IV· MES 2 — SEMANA 56
LEY ESCRITA EN EL CORAZÓN

Formación Hacia la Obediencia

PROPÓSITO DE LA SEMANA 56

Esta semana entrena al estudiante a interpretar correctamente la obediencia dentro del plan de salvación identificando la alineación interna como su única fuente válida.

Las Escrituras no presentan la obediencia como el producto de imperio, sacerdocio, ley, temor o control institucional. Estos mecanismos exponen fracaso precisamente porque operan externamente. Usando el Libro Cinco, Capítulos 1–2, los estudiantes son entrenados a leer la llegada de Yahusha como el momento en que los sistemas externos llegan al agotamiento total y la transformación interna se vuelve la única solución restante.

LECTURA E INSTRUCCIÓN

- Yirmeyahu (Jeremías) 31:33

La instrucción es escrita en el corazón, no impuesta externamente.

- Yechezqel (Ezequiel) 36:26–27

Un nuevo corazón y Espíritu producen obediencia desde dentro.

- Rómĕos (Romanos) 8:4

El requisito justo se cumple mediante vida transformada, no coerción.

Lectura del Libro de Texto del Estudiante

Las Tres Humanidades: La Restauración de Yahuah — Libro Cinco

- Capítulo 1: El Imperio de Hierro — Cómo el Sistema-Mundial de Nimrod Se Convirtió en el Mundo de Roma

- Capítulo 2: La Humanidad para la Llegada de Yahusha Ha'Mashiyach

Limitante de Enseñanza: Estos capítulos deben leerse como diagnósticos de fracaso del sistema, no historia política o religiosa. El estudiante está identificando por qué la obediencia no puede originarse externamente.

EXPLICACIÓN DIDÁCTICA

Roma Representa el Pico del Control Externo

Las Escrituras establecen una Regla de interpretación gobernante:

El control máximo no equivale a justicia

El Capítulo 1 debe leerse como el punto de culminación de la lógica operativa de la Segunda Humanidad. Roma sintetiza poder político, ley, religión, filosofía, economía y coerción en un solo sistema global. La obediencia es exigida en todas partes—sin embargo, la justicia está ausente en todas partes.

Referencia de Ecuación de la humanidad:

La Segunda Humanidad — (AW + HW = N) & (NM + PW = N)

La corrupción gobernada por poderes caídos no puede producir alineación interna.

La Ley Externa Revela el Déficit de Obediencia

Roma prueba que la ley puede regular comportamiento, pero no puede transformar deseo. Esta diferencia es crítica. Los Capítulos 1–2 entrenan al estudiante a identificar el cumplimiento sin alineación como la marca de la Segunda Humanidad.

Límites de interpretación:

No lea el orden romano como éxito moral.

Léalo como exposición final de imposición externa.

La Autoridad Religiosa Falla por la Misma Razón

El Capítulo 2 demuestra que autoridad del Templo, sacerdocio y tradición fallan por razones idénticas al imperio: operan externamente.

- Los Fariseos imponen obediencia mediante tradición
- Los Saduceos imponen obediencia mediante control institucional

- La autoridad Asmonea impone obediencia mediante linaje de sangre y poder

Ninguno produce corazones transformados.
Referencia de Ecuación de la humanidad:

La Tercera Humanidad — (PM + NW = MH)
La Humanidad Mixta puede ejecutar rituales de obediencia sin deseo restaurado.

La Obediencia No Puede Ser Legislada
Esta semana requiere que el estudiante separe instrucción de origen.

- La ley instruye
- El Espíritu regenera

Sin regeneración, la ley se vuelve o hipocresía o rebelión.

El Mesías Llega en Agotamiento Sistémico
Yahusha no llega para mejorar Roma o reformar el Templo. Llega cuando ambos han demostrado incapacidad total para producir obediencia.
Regla de interpretación:
El Mesías no es correctivo de sistemas.
El Mesías es reemplazo de origen.
Referencia de Ecuación de la humanidad:

La Tercera Humanidad — La Variante (Y ⊕ HW = Y)
Yahuah (Ruach) + Mujer Humana (Miryan) = Yahusha (Nueva Humanidad Espiritual)
Este es el primer mecanismo capaz de producir obediencia desde dentro.

La Ley Escrita en el Corazón Define la Formación
La obediencia en la Tercera Humanidad no es alineación impuesta sino deseo restaurado. Los Capítulos 1–2 deben leerse como probando la necesidad de este mecanismo.

Referencia de Ecuación de la humanidad:
El Retorno a la Primera Humanidad — (Y + RT = FH)
Yahusha (La Variante perfeccionada) + Transformación de Resurrección = Primera Humanidad Restaurada
La obediencia final se alinea con naturaleza restaurada, no regulación impuesta.

LA FORMACIÓN COMPLETA LA TRAYECTORIA DEL MES 2

El Mes 2 concluye con una secuencia de interpretación clara:

- Eliminación (Semana 53)
- Regeneración (Semana 54)
- Terminación del orden viejo (Semana 55)
- Obediencia internalizada (Semana 56)

Esto preserva la integridad de etapas sin colapsar la restauración en cumplimiento prematuro.

ENFOQUE DE ALINEACIÓN – CAPÍTULOS 1 Y 2

Roma = culminación de la imposición externa

- La ley regula comportamiento, no deseo
- La autoridad religiosa refleja fracaso imperial
- El cumplimiento no equivale a obediencia
- El Mesías reemplaza origen, no sistemas
- La obediencia fluye de corazón regenerado
- La formación completa la preparación de la Tercera Humanidad

TÉRMINOS CLAVE Y DEFINICIONES (SEMANA 56)

- Instrucción Internalizada

Ley divina incrustada mediante deseo regenerado.

- Obediencia

Alineación que fluye naturalmente de naturaleza restaurada.

- Formación

Moldeamiento de la Tercera Humanidad hacia propósito mediante renovación interna.

TAREAS DE ESTUDIO

Pausa y completa lo siguiente:

• Explicar por qué Roma representa el fracaso de obediencia externa

• Identificar cómo la autoridad religiosa refleja control imperial

• Demostrar por qué la ley no puede producir justicia

• Mostrar cómo la transformación interna resuelve el problema de obediencia

• Aplicar las Ecuaciones de la humanidad para mantener claridad de etapas

Usa las Escrituras y los capítulos asignados directamente.

Evita modelos que equiparan obediencia con temor, jerarquía o imposición.

PENSAMIENTOS FINALES DE LA SEMANA 56

Los imperios ordenan comportamiento.

La religión impone conformidad.

Solo el origen restaurado produce obediencia.

Referencia de Ecuación de la humanidad:

La Tercera Humanidad – La Variante (Y ⊕ HW = Y)

REFLEXIÓN FINAL

"Yahuah restaura la obediencia restaurando el corazón."

CUATRIMESTRE IV· MES 3

LAS TRES HUMANIDADES™ – IDENTIDAD, CAMINO, AUTORIDAD, Y PRESENCIA FIEL

(Quién Es la Humanidad Restaurada y Cómo Vive)

VISIÓN GENERAL DEL MÓDULO

El CUATRIMESTRE IV · Mes 3 explica cómo funciona la Tercera Humanidad después de que la restauración ha ocurrido.

Si el Mes 1 estableció por qué se requiere la Tercera Humanidad, y el Mes 2 explicó cómo es formada, el Mes 3 revela cómo vive la humanidad restaurada sin volver a la corrupción mientras el mundo permanece dividido.

Este mes corrige la confusión entre autoridad y dominio, obediencia y legalismo, identidad y aser hijos religiosa, guerra y coerción, y testimonio y activismo.

Las Escrituras presentan la Tercera Humanidad — La Variante (Y ⊕ HW = Y) como un pueblo restaurado viviendo desde el origen transformado, caminando en alineación, operando bajo autoridad delegada, y permaneciendo como luz sin adoptar los métodos de las tinieblas.

Al final de este mes, el estudiante entenderá que la identidad precede el comportamiento, el caminar revela el origen en lugar de producirlo, la autoridad es delegada en lugar de tomada, la obediencia es por relación en lugar de institucional, la guerra se libra mediante presencia fiel en lugar de dominación, y el testimonio es la expresión natural de la humanidad restaurada.

Este mes define cómo vive la humanidad restaurada antes de la resurrección final.

COBERTURA DE CAPÍTULOS

Las Tres Humanidades™: — La Restauración de Yahuah (Libro Cinco)

- Capítulo 3 — El Nacimiento de Yahusha: La Invasión Sobrenatural de la Tierra por la Palabra de Yahuah
- Capítulo 4 — Las Tres Ecuaciones de la humanidad y la Nueva Simiente de Yahuah en Yahusha
- Capítulo 5 — El Ministerio de Yahusha: Yahuah en la Carne Revela el Plan Eterno de Salvación
- Capítulo 6 — La Semana Final, el Empalamiento en la Estaca, y el Gran Intercambio
- Capítulo 7 — Los Dos Sacerdocios: Levi vs. Malkiy-Tsedeq — El Pacto Eterno Restaurado
- Capítulo 8 — La Resurrección, la Ascensión, y el Nacimiento del Pueblo Renovado del pacto
- Capítulo 9 — La Era del Ruach Qodesh y el Nacimiento de la Nueva Humanidad
- Capítulo 10 — La Verdad Final del Ruach Qodesh — La Palabra, el Aliento, y la Sabiduría de Yahuah en el Hombre

CUATRIMESTRE IV· MES 3 — SEMANA 57
IDENTIDAD DE LA TERCERA HUMANIDAD

Hijos e Hijas por Transformación

PROPÓSITO DE LA SEMANA 57

La Semana 57 entrena al estudiante a interpretar correctamente la identidad dentro del marco de las Tres Humanidades. En esta etapa, la identidad ya no debe leerse descriptivamente o en forma devocional, sino estructuralmente y basada en origen. Las Escrituras no definen la identidad por etnicidad, membresía de pacto, práctica religiosa, estatus moral, o rol social. La identidad se define exclusivamente por origen y alineación.

El objetivo de interpretación de esta semana es hacer la transición del estudiante de leer la identidad como una categoría a la que uno pertenece, hacia leer la identidad como un estado de ser generado por fuente. Esta diferencia es crítica. El fracaso en este nivel resulta en colapsar la Tercera Humanidad de vuelta en la lógica de la Segunda Humanidad—donde la identidad se infiere del comportamiento, aser hijos, u observancia de ley.

Con la llegada de Yahusha, el plan de salvación cambia decisivamente. La salvaguarda de la genealogía física termina. En su lugar, las Escrituras introducen un linaje espiritual producido mediante transformación. La Semana 57 enseña al estudiante cómo reconocer, trazar e interpretar ese cambio sin volver a razonamiento basado en la carne.

LECTURA E INSTRUCCIÓN

- Romanos 8:14–17 debe leerse como una declaración esencial, no un estímulo ético. "Hijos de Alôhîym" no es un título asignado después de obediencia; es una declaración de origen verificada por existencia guiada por el Espíritu. El texto no argumenta por adopción mediante cumplimiento, sino que identifica la ser hijos como evidencia de una nueva fuente de vida.
- Gálatas 3:26–29 debe interpretarse como una declaración de término

para identidad basada en la carne. Paulos no está disolviendo distinciones sociológicamente; está declarando que la identidad del pacto ya no está indexada a la sangre, tribu, o herencia. El término "simiente" debe leerse post-Mesías como linaje espiritual, no continuidad genealógica.
- 1 Kêph 2:9–10 debe leerse diagnósticamente. El lenguaje de "escogido," "llamado," y "pueblo" funciona como indicadores de identidad solo después de que la transformación ha ocurrido. El pasaje no describe cómo llegar a ser la Tercera Humanidad; describe cómo se reconoce la Tercera Humanidad.

El Libro Cinco, Capítulos 3 y 4, deben leerse con estricta disciplina de interpretación. Estos capítulos no son narrativos de Yada Yahuah; son revelaciones de origen. El Capítulo 3 establece el momento cuando Yahuah entra en la ecuación humana directamente. El Capítulo 4 provee el aparato de interpretación gobernante—las Ecuaciones—por el cual toda la humanidad debe ser clasificada. Los estudiantes deben resistir lecturas morales o simbólicas y mantener precisión estructural.

EXPLICACIÓN DIDÁCTICA

La identidad en las Tres Humanidades nunca es aspiracional. Nunca es lograda, ganada, o confirmada por desempeño. La identidad siempre es recibida en el origen y revelada mediante alineación.

Esta es la Regla de interpretación gobernante de la Semana 57.

La Segunda Humanidad define la identidad retrospectivamente: uno actúa, por lo tanto, uno es. La Tercera Humanidad define la identidad causalmente: uno es, por lo tanto, uno actúa. El estudiante debe aprender a reconocer esta inversión siempre que las Escrituras hablen de ser hijos, herencia, obediencia, o fruto.

El Capítulo 4 del Libro Cinco provee la clave de interpretación decisiva. Las Tres Ecuaciones no son metáforas; son marcos explicativos para el origen. La Tercera Humanidad emerge de la Ecuación 3, llevando tanto capacidad espiritual como corrupción carnal. Esto explica la inestabilidad observada a través de las Escrituras antes del Mesías. La humanidad puede responder a Yahuah, sin embargo, no puede sostener alineación.

La ruptura de interpretación ocurre con la Variante. Cuando Yahuah entra en la Ecuación 3, el origen mismo es reemplazado. La identidad ya no está arraigada en herencia mixta sino en una Nueva Simiente cuya fuente es Yahuah Mismo.

Por esto los textos del Nuevo Pacto consistentemente definen a los creyentes como "nacidos de Alôhîym," "nacidos de arriba," o "nueva creación." Estas no son descripciones éticas; son declaraciones de origen.

Por lo tanto, la identidad después de Yahusha no debe interpretarse genealógicamente—sino espiritualmente. La ser hijos no es adopción metafórica dentro de una familia moral; es colocación dentro de una nueva línea de ser generada por el Ruach. Cualquier interpretación de identidad que todavía dependa de etnicidad, autoridad institucional, observancia de la Tôrâh, o estatus religioso ha fallado en transicionar a la lógica de la Tercera Humanidad.

TÉRMINOS CLAVE Y DEFINICIONES (SEMANA 57)

- Tercera Humanidad

Producida por la unión post-Diluvio de Hombres Puros y Mujeres Nefelinas (PM + NW=MH), en la cual el Hombre Puro transmite el Ruach y la Mujer Nefelina transmite herencia corrompida, resultando en una condición humana parcialmente corrompida, internamente dividida con la capacidad de inclinarse ya sea hacia Yahuah o hacia el mal.

- Ser hijos

Identidad del pacto producida por nuevo origen en Yahusha, no conferida mediante obediencia o mantenida mediante desempeño.

- Adopción (De las Escrituras)

El acto de colocación en un nuevo linaje espiritual mediante transformación, no reclasificación legal de naturaleza sin cambio.

TAREAS DE ESTUDIO

El estudiante ahora debe demostrar competencia de interpretación más que recuerdo.

• La primera tarea es articular la identidad de la Tercera Humanidad usando el marco de las Ecuaciones, sin apelar a comportamiento moral, aser hijos religiosa, o participación del pacto como indicadores definitivos. La identidad debe trazarse exclusivamente al origen.

• La segunda tarea es identificar dónde el razonamiento de la Segunda Humanidad intenta reafirmarse en discusiones de identidad—particularmente donde obediencia, ley, o tradición se usan para validar ser hijos. Estos deben señalarse como regresiones interpretaciones.

• La tarea final es explicar cómo la Nueva Simiente en Yahusha (La Variante) Termina el linaje basado en carne como criterio para identidad, reemplazándolo con linaje generado por el Espíritu. El estudiante debe demostrar conciencia de que este cambio es irreversible y gobierna toda interpretación del Nuevo Pacto.

Las Escrituras y los Capítulos 3–4 deben citarse directamente, no parafrasearse en forma devocional.

PENSAMIENTOS FINALES DE LA SEMANA 57

La identidad gobierna la alineación. La alineación gobierna el caminar. La Tercera Humanidad - La Variante no se comporta a sí misma hacia ser hijos; camina porque ser hijos ya ha sido establecido por origen. Cualquier sistema de interpretación que invierte este orden ha vuelto a la lógica de la Segunda Humanidad, sin importar su lenguaje.

La Semana 57 por lo tanto se presenta como un punto de control. Si la identidad se lee mal aquí, toda lectura subsiguiente de obediencia, autoridad, herencia, y propósito será distorsionada.

REFLEXIÓN FINAL

"No caminas para llegar a ser un hijo.
Caminas porque el origen ya ha cambiado."

CUATRIMESTRE IV· MES 3 — SEMANA 58
EL CAMINAR DE ALINEACIÓN

Viviendo Desde una Naturaleza Restaurada

PROPÓSITO DE LA SEMANA 58

Esta semana entrena al estudiante a interpretar correctamente el lenguaje de "caminar" dentro del plan de salvación identificándolo como evidencia, no prescripción.

Las Escrituras no usan "caminar" para ordenar la transformación. Usa "caminar" para revelar la fuente. En esta etapa en Yada Yahuah, el estudiante ya no debe leer el caminar como desempeño espiritual, cultivo ético, o conducta disciplinada. Caminar funciona como salida diagnóstica — la manifestación visible del origen restaurado.

Usando el Libro Cinco, Capítulos 5–6, los estudiantes son entrenados a interpretar el ministerio terrenal de Yahusha y el Gran Intercambio como el mecanismo que redefine el caminar mismo. Caminar ya no es humanidad esforzándose hacia alineación; es alineación expresándose a sí misma mediante naturaleza restaurada.

La Semana 58 completa el movimiento de identidad (Semana 57) a expresión, sin colapsar la expresión de vuelta en obligación.

LECTURA E INSTRUCCIÓN

- Mîykâh 6:8

Caminar humildemente refleja alineación con Yahuah, no cumplimiento ritual.

- Gálatas 5:16–25

Caminar por el Espíritu revela origen mediante fruto, no esfuerzo.

- Efesios 4:1–6

El caminar refleja el llamamiento ya recibido, no identidad que se está persiguiendo.

Lectura del Libro de Texto del Estudiante

Las Tres Humanidades: La Restauración de Yahuah — Libro Cinco

- Capítulo 5 — El Ministerio de Yahusha: Yahuah en la Carne Revela el Plan Eterno de Salvación
- Capítulo 6 — La Semana Final, el Empalamiento en la Estaca, y el Gran Intercambio

LIMITANTE DE ENSEÑANZA:

Estos capítulos deben leerse como estudios de caso de origen–expresión, no como ejemplos morales o narrativas devocionales. El estudiante está identificando cómo funciona el caminar una vez que el origen ha sido reemplazado.

EXPLICACIÓN DIDÁCTICA

Caminar No Es una Actividad Espiritual — Es una Función Reveladora
Dentro de Yada Yahuah, "caminar" nunca funciona como una instrucción para llegar a estar alineado. Funciona como evidencia de que la alineación ya ha ocurrido.
Esto establece la Regla de interpretación gobernante para la semana:
La fuente determina el caminar. El caminar no determina la fuente.
Cualquier lectura que trate el caminar como un método de transformación ubica mal la causalidad y reintroduce la lógica de la Segunda Humanidad. Los Capítulos 5–6 deben interpretarse con esta dirección causal impuesta.

El Ministerio de Yahusha Establece El Fundamento de Interpretación para Caminar
El Capítulo 5 debe leerse como el espécimen de control para el lenguaje de caminar.
Yahusha no camina rectamente porque obedece correctamente.

Camina rectamente porque Su origen es incontaminado.
Donde Yahusha camina, la alineación aparece sin esfuerzo. La autoridad fluye sin imposición. La obediencia existe sin instrucción. Sanidad, liberación, confrontación, y restauración ocurren como salidas naturales de identidad, no como disciplinas.
El estudiante debe aprender a interpretar el ministerio de Yahusha como inevitabilidad esencial, no comportamiento ejemplar. Él no modela cómo los humanos deben caminar; Él revela cómo se ve el caminar cuando el origen es restaurado.

El Fracaso del Caminar Basado en Desempeño Es Expuesto, No Corregido
A lo largo del Capítulo 5, Yahusha expone repetidamente grupos que "caminan" meticulosamente y aun así permanecen desalineados:

- Los Fariseos caminan con precisión, pero carecen de vida.
- Los Saduceos caminan con autoridad, pero niegan el Ruach.
- El liderazgo del Templo camina con estructura, pero carga corrupción.
- Roma camina con orden, pero produce violencia.

La función de interpretación aquí no es crítica de moralidad. Es exposición de caminar de falsa fuente — movimiento generado por sistemas externos más que por naturaleza restaurada.
Los estudiantes deben ser entrenados a reconocer que actividad no es alineación, y que el caminar visible puede en realidad ocultar desalineación más profunda.

El Gran Intercambio Reemplaza el Motor del Caminar
El Capítulo 6 debe interpretarse como el reemplazo mecánico del generador del caminar.
En la estaca, Yahusha no solo perdona desalineación; Él Termina la fuente vieja e instala una nueva. Este es el cambio de interpretación decisivo.
Antes del Gran Intercambio:

Caminar = esfuerzo hacia obediencia bajo instrucción externa.
Después del Gran Intercambio:
Caminar = manifestación de naturaleza restaurada bajo alineación interna.
Esta diferencia es no negociable. Cualquier intento de leer el caminar post-Mesías como mejoramiento, disciplina, o conformidad gradual colapsa el Nuevo Pacto de vuelta en estructuras de la Segunda Humanidad.

Caminar por el Espíritu Es Evidencia, No Técnica
Gálatas 5 debe leerse diagnósticamente.
El fruto no aparece porque el esfuerzo tuvo éxito.
El fruto aparece porque la raíz ha sido sanada.
Caminar por el Espíritu no es un método para producir fruto; es la consecuencia observable de vida de origen del Espíritu. El estudiante debe ser entrenado a leer listas de fruto no como metas, sino como indicadores de verificación de identidad.
Donde el fruto está ausente, la pregunta de interpretación no es fracaso de disciplina, sino confusión de origen.

La Alineación Reemplaza la Regulación
La Semana 58 requiere que el estudiante separe definitivamente el caminar de marcos de imposición.

- Los imperios regulan movimiento.
- Las religiones regulan comportamiento.
- Yahuah restaura naturaleza.

Caminar en la Tercera Humanidad – La Variante por lo tanto no es obediencia bajo mandato, sino acuerdo entre deseo restaurado e instrucción divina.
Por esto los textos del Nuevo Pacto consistentemente describen caminar como “digno,” “en amor,” y “por el Espíritu” — no porque estos sean ideales de aspiración, sino porque describen la única salida posible del origen restaurado.

El Caminar Completa la Secuencia Identidad–Expresión

La Semana 58 completa el progreso de interpretación del Mes 3 sin colapsar etapas:

Identidad (Semana 57) establece quién es la Tercera Humanidad.

Caminar (Semana 58) revela cómo esa identidad se expresa a sí misma.

En ningún punto el caminar llega a ser un medio de llegar a ser algo más. Es la confirmación visible de que la transformación ya ha ocurrido.

ENFOQUE DE ALINEACIÓN – CAPÍTULOS 5 Y 6

- El lenguaje de caminar debe leerse como evidencia de fuente.
- El caminar de Yahusha revela origen incontaminado.
- El caminar de desempeño expone falsa fuente.
- El Gran Intercambio reemplaza el generador del caminar.
- El fruto verifica la restauración; no la causa.
- La alineación fluye de deseo restaurado, no la disciplina.
- El caminar completa la identidad sin volver a la obligación.

TÉRMINOS CLAVE Y DEFINICIONES (SEMANA 58)

- Caminar

La expresión visible del origen restaurado, no un método de transformación.

- Alineación

Acuerdo entre deseo renovado e instrucción divina fluyendo de nueva naturaleza.

- Fruto

Verificación observable de vida de origen del Espíritu, no evidencia de esfuerzo.

TAREAS DE ESTUDIO

Pausa y completa lo siguiente:

• Explicar por qué el lenguaje de "caminar" debe leerse diagnósticamente más que prescriptivamente.

• Demostrar cómo el ministerio de Yahusha establece el caminar como salida esencial.

• Identificar cómo el Gran Intercambio redefine todo lenguaje de caminar post-Mesías.

• Aplicar las Ecuaciones de la humanidad para preservar dirección causal.

Usa las Escrituras y los capítulos asignados directamente.

Evita interpretaciones basadas en desempeño, mejoramiento moral, o centradas en regulación.

PENSAMIENTOS FINALES DE LA SEMANA 58

Caminar no produce alineación.

La alineación produce caminar.

La naturaleza restaurada se expresa a sí misma sin coerción.

Referencia de Ecuación de la humanidad:

La Tercera Humanidad – La Variante (Y ⊕ HW = Y)

REFLEXIÓN FINAL

"El caminar correcto no se aprende – emerge."

CUATRIMESTRE IV· MES 3: SEMANA 59

AUTORIDAD BAJO EL CIELO

Delegada, No Dominante

PROPÓSITO DE LA SEMANA 59

Esta semana define la autoridad tal como la presenta las Escrituras. La autoridad no es poder sobre otros, sino mayordomía delegada bajo el cielo.
Al examinar el cambio de Levi a Malkiy-Tsedeq y la victoria de resurrección–ascensión de Yahusha, los estudiantes ven que la verdadera autoridad se origina en el cielo, opera a través del orden del pacto, y se demuestra por obediencia, restricción y servicio — no por apoderamiento.

LECTURA E INSTRUCCIÓN

- Loukas 10:19–20

La autoridad es dada para función y victoria sobre enemigos espirituales, no para orgullo o autoexaltación.

- Mattithyâhû 28:18–20

Toda autoridad pertenece a Yahusha por derecho celestial; lo que es delegado fluye de Su comisión en el trono.

- Róměos 13:1–4

La autoridad opera dentro del orden divino; no es auto creada, y permanece responsable ante el cielo.

Las Tres Humanidades: La Restauración de Yahuah — Libro Cinco

Capítulo 7: Los Dos Sacerdocios — Levi vs. Malkiy-Tsedeq
Capítulo 8: La Resurrección, la Ascensión, y el Nacimiento del Pueblo del pacto Renovado
Los estudiantes deben leer los Capítulos 7 y 8 completos. Estos capítulos establecen que la autoridad es removida de sistemas corruptos y delegada a través del sacerdocio eterno y la realeza de Yahusha.

EXPLICACIÓN DIDÁCTICA

Las Escrituras revelan dos modelos opuestos de autoridad: autoridad tomada y autoridad delegada. El sacerdocio Levítico, aunque instituido por Yahuah para una nación caída, fue temporal y limitado — atado a genealogía, administrado por hombres mortales, e incapaz de remover el pecado. Restringía y cubría, pero no podía perfeccionar. Funcionó como sombra hasta el tiempo de reforma.
Malkiy-Tsedeq revela el orden original: un sacerdocio más antiguo que Levi, más alto que Sinaí, no basado en linaje sanguíneo, y arraigado en la eternidad. Abraham se inclina ante este orden, demostrando que la verdadera autoridad es reconocida, no arrebatada. Cuando Yahusha muere, el velo se rasga — un acto de eliminación judicial. Esto señala el término de la antigua mediación sacerdotal y el fin de estructuras sacerdotales corruptas y usurpadas. La autoridad no es reformada; es reemplazada.
En Yahusha, la autoridad es entronizada, no promocionada. Él se convierte en Sumo Sacerdote según el orden de Malkiy-Tsedeq — eterno, celestial, e intransferible. Su resurrección prueba que la muerte no puede retener al Eterno. Su ascensión es la proclamación legal de autoridad universal: "Toda autoridad en el cielo y en la Tierra me ha sido dada." Esto no es nombramiento institucional; es instalación divina.
Por lo tanto, la Tercera Humanidad – La Variante no establece estructuras de autoridad — opera dentro del orden divino. La autoridad se ejerce bajo el cielo mediante obediencia, restricción y servicio. Aquellos que pertenecen a Yahusha funcionan bajo Su comisión, nunca compitiendo por dominación. En el pueblo del pacto renovado, la verdadera autoridad se mide por sumisión antes de la acción, no por poder sobre otros.

TÉRMINOS CLAVE Y DEFINICIONES (SEMANA 59)

- Autoridad

Derecho delegado para actuar bajo comisión divina, responsable ante el cielo.

- Mayordomía

Uso responsable de la autoridad para protección, orden y propósito del pacto.

- Sumisión

Alineación con el orden divino — no inferioridad, sino colocación correcta bajo el cielo.

TAREAS DE ESTUDIO

Pausa tu lectura y completa lo siguiente:

• Explicar la autoridad como mayordomía delegada bajo el cielo

• Identificar abusos que ocurren cuando la autoridad es tomada o fundamentada en genealogía, cargo, o coerción

• Demostrar cómo el sacerdocio y la ascensión de Yahusha definen la autoridad legítima

Usa las Escrituras y los Capítulos 7 y 8 directamente.

Evita modelos de autoridad arraigados en dominación, autonombramiento, o supremacía institucional.

PENSAMIENTOS FINALES DE LA SEMANA 59

La verdadera autoridad no se apresura a actuar.

Primero se somete, luego sirve.

La verdadera autoridad se somete antes de actuar.

REFLEXIÓN FINAL

"La autoridad se prueba por la restricción."

CUATRIMESTRE IV· MES 3: SEMANA 60

GUERRA Y TESTIMONIO EN UN MUNDO DIVIDIDO

Permanecer Sin Volverse Corrompido

PROPÓSITO DE LA SEMANA 60

Esta semana final explica cómo la Tercera Humanidad - La Variante funciona en un mundo que permanece dividido entre luz y oscuridad. Las Escrituras presentan guerra y testimonio sin adoptar los métodos de la corrupción. A través de la Era del Ruach Qodesh, los estudiantes ven que la victoria se logra no por dominación o imitación de la oscuridad, sino por permanecer en identidad restaurada como testigos llenos de luz.

LECTURA E INSTRUCCIÓN

- Efesios 6:10–18

La guerra es espiritual, requiriendo verdad, justicia, fe y la Palabra — no fuerza carnal.

- 2 Korínthios 10:3–5

Las armas de la Tercera Humanidad - La Variante son divinas, desmantelando engaño sin usar métodos corruptos.

- Mattithyâhû 5:14–16

La humanidad restaurada funciona como luz visible, dando testimonio mediante vida transformada.

Las Tres Humanidades — Libro Cinco

- Capítulo 9: La Era del Ruach Qodesh y el Nacimiento de la Nueva Humanidad
- Capítulo 10: La Verdad Final del Ruach Qodesh — La Palabra, el Aliento, y la Sabiduría de Yahuah en el Hombre

Los estudiantes deben leer los Capítulos 9 y 10 completos. Estos capítulos establecen que la guerra y el testimonio fluyen del Ruach que mora dentro, revirtiendo Babel y restaurando la Primera Humanidad.

EXPLICACIÓN DIDÁCTICA

Después de la resurrección y ascensión de Yahusha, el conflicto no termina — el método cambia. La Era del Ruach Qodesh marca el cambio de confrontación externa a transformación interna expresada hacia afuera. La Tercera Humanidad – La Variante no conquista territorio mediante fuerza; recupera personas mediante verdad, luz y obediencia.

En Pentecostés, Babel es revertido. Los idiomas divididos por rebelión son unificados por la Palabra. Esto es guerra espiritual sin corrupción: verdad hablada sin coerción, poder ejercido sin dominación. Los apóstoles confrontan principados, expulsan demonios, sanan a los quebrantados, y proclaman a Yahusha — no mediante toma política o control religioso, sino por el Ruach que mora dentro operando a través de vasos obedientes.

El testimonio es por lo tanto inseparable de la guerra. La luz expone la oscuridad simplemente al permanecer luz. El pueblo del pacto Renovado no imita las tácticas de la semilla corrupta. Rechazan engaño, manipulación, violencia y orgullo. En su lugar, permanecen — vestidos de verdad, capacitados por la Palabra, guiados por sabiduría, y restringidos por obediencia.

El Capítulo 10 aclara el fundamento de esta postura: el Ruach no es una entidad separada sino la Palabra, el Aliento y la Sabiduría de Yahuah dentro del hombre. La guerra se libra mediante verdad hablada, vidas alineadas, y obediencia mantenida. La Tercera Humanidad – La Variante vence no volviéndose más oscura que la oscuridad, sino permaneciendo incontaminada. Permanecer es victoria. Fidelidad es triunfo. El testimonio es guerra.

TÉRMINOS CLAVE Y DEFINICIONES (SEMANA 60)

- Guerra Espiritual

Resistencia al engaño mediante la verdad, obediencia y alineación con la Palabra.

- Testimonio

Testimonio visible de la humanidad restaurada expresada mediante una vida llena de luz.

- Restricción

Rechazo de adoptar métodos corruptos, aun al confrontar la oscuridad.

TAREAS DE ESTUDIO

Pausa tu lectura y completa lo siguiente:

• Explicar la guerra espiritual que resiste la corrupción en lugar de imitarla

• Identificar cómo el testimonio funciona como arma de restauración

• Demostrar cómo el Ruach capacita para permanecer sin compromiso

Usa las Escrituras y los Capítulos 9 y 10 directamente.

Evita modelos de guerra arraigados en coerción, manipulación, o dominación.

PENSAMIENTOS FINALES DE LA SEMANA 60

La Tercera Humanidad - La Variante no vence al mundo imponiéndose sobre él.

Vence al negarse a convertirse en aquello que confronta.

La Tercera Humanidad - La Variante lucha permaneciendo, no conquistando.

REFLEXIÓN FINAL

"La luz vence a la oscuridad al permanecer siendo luz."

REFUERZO CENTRAL CUATRIMESTRE IV· MES 3
DE ORIGEN RESTAURADO A PRESENCIA FIEL

REALIDAD GOBERNANTE DEL MES 3

El Mes 3 establece cómo la humanidad restaurada funciona sin revertir a la corrupción.

La Tercera Humanidad no:

- se esfuerza por llegar a estar alineada
- construye estructuras de autoridad
- lucha contra la oscuridad con oscuridad

En cambio, ella:

- vive desde un origen restaurado
- expresa alineación de manera natural
- funciona bajo autoridad delegada
- permanece como luz en un mundo dividido

EL MES 3 RESPONDE UNA PREGUNTA CENTRAL:

¿Cómo es la vida una vez que el origen ha sido restaurado, la identidad asegurada y la autoridad correctamente delegada — mientras el mundo permanece quebrantado?

Secuencia de Causa y Efecto Fija (No negociable)

El Mes 3 fija el orden irreversible de causalidad:

- La identidad es establecida por el origen (Semana 57)
- El andar emerge como evidencia de ese origen (Semana 58)
- La autoridad es delegada bajo el cielo, no tomada (Semana 59)
- La guerra y el testimonio ocurren mediante presencia fiel, no corrupción (Semana 60)

Cualquier interpretación que invierta este orden ha colapsado de nuevo en la lógica de la Segunda Humanidad.

La Identidad No Se Logra — Se Recibe

LA SEMANA 57 ESTABLECIÓ EL FUNDAMENTO:

- La identidad es genealógica (espiritualmente), no de conducta
- El ser hijos no es validado por la obediencia
- La alineación fluye del origen, no de la aspiración

Refuerzo Central:
No actúas para llegar a ser.
Actúas porque ya eres.

El Andar Es Diagnóstico, No Prescriptivo
La Semana 58 corrigió todo el lenguaje de "andar":

- Andar no produce alineación
- Andar revela alineación
- El fruto verifica la fuente; no la causa

Refuerzo Central:
El andar correcto no se aprende.
Emerge cuando el origen es sanado.

La Autoridad Es Delegada, No Generada
La Semana 59 redefinió permanentemente la autoridad:

- La autoridad se origina en el cielo
- La autoridad es instalada, no promovida
- La autoridad se prueba por restricción, obediencia y servicio

Levi representa restricción temporal.
Malkiy-Tsedeq representa instalación eterna.

REFUERZO CENTRAL:

La verdadera autoridad se somete antes de actuar.
Todo lo que es tomado ya está corrompido.

La Guerra Es Permanecer, No Dominar
La Semana 60 completó la secuencia:

- La guerra no Termina después de la resurrección — su método cambia
- La Tercera Humanidad – La Variante no conquista sistemas
- Recupera personas mediante verdad, luz y testimonio

Pentecostés revierte Babel sin fuerza.
La luz expone la oscuridad sin imitación.
Refuerzo Central:
La Tercera Humanidad – La Variante no vence imponiéndose al mundo.
Vence al negarse a convertirse en aquello que confronta.

EL PRINCIPIO UNIFICADOR DEL MES 3

A lo largo de las cuatro semanas, una regla gobierna todo:
El origen restaurado produce presencia alineada — no desempeño gestionado.

- La identidad gobierna el andar
- El andar gobierna la función
- La función opera bajo el cielo
- La guerra se gana permaneciendo incontaminado

Permanecer no es pasividad.
Permanecer es fidelidad.

DECLARACIÓN FINAL (MES 3)

El Mes 3 entrena permanentemente al estudiante a reconocer esta verdad:
La Tercera Humanidad – La Variante no arregla el mundo por la fuerza.
Revela el Reino al permanecer alineada.
La fidelidad es victoria.
La presencia es guerra.
La luz vence siendo luz.

CUATRIMESTRE IV· MES 4

LAS TRES HUMANIDADES™ – CONSUMACIÓN, SEPARACIÓN Y ALINEACIÓN ETERNA

(Cómo la Restauración se Completa y se Asegura para Siempre)

DESCRIPCIÓN GENERAL DEL MÓDULO

El CUATRIMESTRE IV · Mes 4 lleva Las Tres Humanidades™ a su culminación formativa definitiva.
Si el Mes 1 estableció la necesidad de la restauración,
el Mes 2 reveló los mecanismos de la redención,
y el Mes 3 definió la identidad, el andar, la autoridad y el testimonio de la Variante,
entonces el Mes 4 explica cómo la restauración se termina, se protege y se hace irreversible.
Este mes resuelve toda pregunta abierta restante dentro del marco de la Restauración.

A LOS ESTUDIANTES YA NO SE LES PREGUNTA:

- ¿Puede la restauración tener éxito?
- ¿Volverá la corrupción?
- ¿Es el juicio compatible con la misericordia?

El Mes 4 establece que la restauración no puede permanecer incompleta, no puede coexistir con la corrupción y no puede quedar sin asegurar.

ENFOQUE GOBERNANTE DEL MES 4

Este mes entrena al estudiante para comprender que:

- La restauración requiere separación
- La separación requiere juicio
- El juicio habilita la resurrección
- La resurrección habilita la herencia
- La herencia estabiliza la eternidad

Nada en la creación alcanza permanencia sin la imposición de límites.

DISTINCIONES CENTRALES ACLARADAS EN EL MES 4

El Mes 4 resuelve malentendidos generalizados al establecer que:

- La misericordia restaura individuos; el juicio restaura el orden
- La coexistencia es temporal; la separación es permanente
- La Variante es restauración real, pero no la consumación final
- La resurrección no es opcional; es requerida
- La herencia no se basa en recompensa; se basa en naturaleza
- La eternidad no puede contener mezcla, corrupción ni prueba

COBERTURA DE CAPÍTULOS – MES 4

Las Tres Humanidades™ — La Restauración de Yahuah (Libro Cinco)

- Capítulo 11 — El Crecimiento del Pueblo del pacto Renovado y la Guerra contra la Oscuridad
- Capítulo 12 — La Condición Final de la Humanidad Antes de la Segunda Venida del Mashiyach
- Capítulo 13 — La Generación que Quebró los Cuatro Pilares
- Capítulo 14 — La Redención de la Creación
- Capítulo 15 — El Juicio Final y el Fin de la Guerra de las Semillas
- Capítulo 16 — El Cielo Nuevo y la Tierra Nueva — Yahuah Mora con la Humanidad Otra Vez

Estos capítulos no se leen en forma devocional ni de manera independiente. Funcionan como una sola secuencia de restauración, moviéndose de escalamiento → separación → juicio → resurrección → renovación → estabilidad eterna.

LO QUE COMPLETA EL MES 4

Al final de este mes, el estudiante comprenderá:

- Por qué el Diluvio Terminó con la Segunda Humanidad, pero no con su legado espiritual
- Por qué la Tercera Humanidad (Humanidad Mixta) continúa hasta la purificación final

- Por qué la Variante existe dentro de la Tercera Humanidad, no fuera de ella
- Por qué el juicio final elimina toda corrupción restante
- Por qué la resurrección restaura a la humanidad a la Primera Humanidad
- Por qué la creación misma debe ser liberada, no meramente reparada
- Por qué la eternidad no puede colapsar de nuevo en rebelión

POSICIÓN DEL MES 4 EN EL PROGRAMA

El Mes 4 es el último mes instructivo de Las Tres Humanidades™.

Después de este punto:

- No se introduce ningún marco nuevo
- No se añaden nuevas ecuaciones
- No quedan categorías sin resolver

Lo que sigue en el CUATRIMESTRE V no es instrucción — es demostración, deducción y defensa.

DECLARACIÓN DEL MES 4

La restauración no Termina cuando el pecado es perdonado.

Termina cuando la corrupción es removida.

La restauración no tiene éxito cuando se ofrece misericordia.

Tiene éxito cuando el orden es asegurado.

La restauración no está completa hasta que la humanidad, la creación y la autoridad

están alineadas permanentemente bajo Yahuah.

Este mes explica cómo ocurre esa consumación.

CUATRIMESTRE IV· MES 4 — SEMANA 61
SEPARACIÓN FINAL

Por Qué la Restauración No Puede Permanecer Abierta Indefinidamente

PROPÓSITO DE LA SEMANA 61

La Semana 61 entrena al estudiante para interpretar correctamente el lenguaje de separación en las Escrituras dentro del marco completo de Las Tres Humanidades.

En esta etapa de Yada Yahuah, la separación ya no debe leerse como:

- represalia punitiva
- ira emocional
- impaciencia divina
- falla de la misericordia
- En cambio, la separación debe interpretarse estructuralmente, como la acción protectora final requerida una vez que la restauración ha alcanzado su límite.

La Semana 61 no introduce una nueva doctrina.
Completa una trayectoria ya establecida:

- Identidad restaurada (Semanas 57–58)
- Autoridad delegada (Semana 59)
- Guerra restringida (Semana 60)

Ahora el estudiante debe comprender por qué la coexistencia entre restauración y corrupción no puede continuar indefinidamente sin colapso.
Esta semana enseña por qué la separación se vuelve necesaria — no como amenaza, sino como resultado.

LECTURA E INSTRUCCIÓN

- Mattithyâhû 13:36–43

El Mashiyach explica el Trigo y la Cizaña no como contraste moral, sino como un proceso estructural cronometrado. El crecimiento permite la coexistencia; la consumación la prohíbe.

- Malâkîy 4

El cierre profético de la era anterior establece la diferencia irreversible como la condición final de la restauración.

- Apokálypsis 20

El juicio final se revela no como furia, sino como contención — asegurando la creación renovada contra el retorno de la corrupción.
Lectura del Libro de Texto del Estudiante

Las Tres Humanidades — Libro Cinco

- Capítulo 11 — El Crecimiento del Pueblo del pacto Renovado y la Guerra contra la Oscuridad
- Capítulo 12 — La Condición Final de la Humanidad Antes de la Segunda Venida del Mashiyach

LIMITANTE DE ENSEÑANZA

Estos textos deben leerse como revelaciones del límite de la restauración, no como material apocalíptico de miedo ni como abstracciones simbólicas. El estudiante está identificando por qué la coexistencia continua eventualmente socava la restauración misma.

EXPLICACIÓN DIDÁCTICA

La Separación No Se Introduce — Emerge
La separación no aparece repentinamente al final de las Escrituras. Emerge gradualmente a medida que la restauración avanza.
En las etapas iniciales, la misericordia reúne.
En las etapas intermedias, la verdad esclarece.
En las etapas finales, la separación protege.

La Semana 61 establece la Regla de interpretación gobernante:
Lo que la misericordia reúne, la separación finalmente debe asegurar.
Cualquier lectura que trate la separación como opcional malinterpreta la restauración como tolerancia infinita en lugar de sanidad estructural.

MATTITHYÂHÛ 13 DEFINE EL LÍMITE DE LA COEXISTENCIA

La explicación del Mashiyach sobre el Trigo y la Cizaña no es instrucción moral; es revelación de proceso.

Él rechaza explícitamente todo resultado alternativo:

- la cizaña no es corregida
- la cizaña no es fusionada
- la cizaña no es absorbida lentamente

La frase decisiva es "en la siega".
El crecimiento requiere espacio compartido.
La siega requiere diferencia.

Si la coexistencia continuara más allá de la siega:

- el trigo sería comprometido
- las raíces se enredarían
- la restauración retrocedería

Así, la separación no es hostilidad hacia la cizaña; es preservación del trigo.

El Crecimiento Paralelo Aclara, No Confunde (Libro Cinco, Capítulo 11)
El Capítulo 11 revela que la restauración y la corrupción crecen simultáneamente.
Esto no es un fracaso del Pueblo del pacto Renovado.
Es la exposición de la alineación final.

A medida que la verdad se difunde:

- la decepción se intensifica
- los falsos maestros se multiplican
- la apostasía se clarifica a sí misma

La Semana 61 enseña al estudiante que la claridad precede a la separación.
Sin claridad, la separación sería injusta.
Con la claridad completa, la separación se vuelve necesaria.

Malâkîy 4 Termina el Lenguaje del Proceso
Malâkîy 4 no habla en términos de desarrollo.
Habla en lenguaje de resultado.
Los justos son sanados y preservados.
Los malvados son removidos por completo.
Esto no es corrección gradual.
Es diferencia final.
El principio de interpretación es decisivo:
La restauración culmina en distinción, no en diálogo.
Cualquier Yada Yahuah que insista en un proceso eterno niega el cierre profético que Yahuah mismo anuncia.

Apocalipsis 20 Asegura la Restauración Contra el Retorno
Apocalipsis 20 debe leerse estructuralmente, no emocionalmente.

El juicio final cumple tres funciones:
- la autoridad corrupta es Terminada
- la semilla irreparable es removida
- la creación renovada es asegurada

El lago de fuego funciona como contención, no como venganza.

Sin esta contención:
- la decepción podría reingresar
- la rebelión podría resurgir
- la restauración permanecería provisional

La Semana 61 establece que la seguridad es un acto de misericordia hacia los restaurados.

El Capítulo 12 Explica Por Qué el Retraso Ya No Puede Continuar

El Capítulo 12 describe un mundo que ha:

- perdido el Nombre
- confundido la identidad
- normalizado la corrupción
- regresado a condiciones del patrón de los tiempos de Noach

En este punto, la coexistencia continua ya no protege el crecimiento — amenaza la supervivencia.

La separación se vuelve necesaria no porque la misericordia falló, sino porque la misericordia ha terminado su obra de reunir.

La Separación Completa el Marco de la Restauración

La Semana 61 completa la secuencia causal sin contradicción:

- La misericordia reúne
- La verdad aclara
- La alineación se forma
- La corrupción es expuesta
- La separación asegura

La restauración no está completa cuando la rebelión es restringida.

Está completa cuando la rebelión es removida del acceso.

ENFOQUE DE ALINEACIÓN – CAPÍTULOS 11 Y 12

- El crecimiento paralelo aclara la alineación final.
- La siega marca el fin de la coexistencia.
- El cierre profético reemplaza el lenguaje del proceso.
- El juicio final asegura la creación restaurada.
- La separación protege lo que la misericordia sanó.

TÉRMINOS CLAVE Y DEFINICIONES (SEMANA 61)

- Separación

El acto protector final que asegura la creación restaurada una vez que la alineación está completa.

- Siega

El momento estructural cuando la coexistencia termina y la diferencia se vuelve necesaria.

- Contención

La eliminación de la corrupción irreparable para prevenir el retorno y preservar la restauración.

TAREAS DE ESTUDIO

Pausa y completa lo siguiente:

- ***Explica por qué la restauración no puede permanecer indefinidamente abierta***
- ***Demuestra cómo Mattithyâhû 13 define la separación como preservación***
- ***Identifica cómo el Capítulo 11 revela claridad antes de la separación***
- ***Explica por qué el Capítulo 12 marca el límite del retraso de la misericordia***
- ***Defiende Apocalipsis 20 como contención, no represalia***

Usa las Escrituras y el Libro Cinco Capítulos 11–12 directamente.

Evita el marco emocional, las suposiciones universalistas o el Yada Yahuah de coexistencia.

REFLEXIONES FINALES DE LA SEMANA 61

La misericordia inicia la restauración.

La verdad completa la alineación.

La separación asegura la creación sanada para siempre.

La restauración no es amenazada por la separación.

Colapsa sin ella.

REFERENCIA DE LA ECUACIÓN DE LA HUMANIDAD:

La Tercera Humanidad – La Variante (Y ⊕ HW = Y)

REFLEXIÓN FINAL

"La misericordia reúne a los restaurados.

La separación los mantiene restaurados."

CUATRIMESTRE IV· MES 4 — SEMANA 62

EL JUICIO COMO LÍMITE DE LA RESTAURACIÓN

Justicia que Asegura la Renovación

PROPÓSITO DE LA SEMANA 62

La Semana 62 entrena al estudiante para interpretar correctamente el lenguaje del juicio dentro del plan de salvación, identificando el juicio como el límite de la restauración, no como su contradicción.

Las Escrituras no presentan el juicio como ira emocional o inestabilidad divina. El juicio funciona como el momento en que la misericordia deja de negociar con la corrupción y la restauración pasa de la invitación a la aplicación forzosa. La misericordia restaura a las personas. El juicio restaura el orden. Sin juicio, la restauración permanece reversible porque la corrupción conserva acceso de retorno.

Usando el Libro Cinco, Capítulos 13–14, los estudiantes son entrenados para leer la generación final no como un mundo meramente "pecaminoso", sino como un mundo que desmantela los mismos pilares que hacen inteligible el arrepentimiento. En esa etapa, el juicio no es opcional: se convierte en el único mecanismo restante por el cual la renovación es protegida.

La Semana 62 sigue a la Semana 61 sin colapsar en marcos de miedo o castigo. La separación fue establecida como necesaria. La Semana 62 explica cómo la separación es aplicada para que la restauración se vuelva irreversible.

LECTURA E INSTRUCCIÓN

- Yashayahu (Isaías) 26

El juicio se muestra como instrucción a través de la realidad: cuando la verdad es rechazada por suficiente tiempo, las consecuencias se convierten en el maestro.

- Róměos (Romanos) 2

El juicio se muestra como evaluación imparcial: identidad, linaje y reputación no eximen a nadie; la respuesta a la verdad es la medida.

- Apokálypsis (Apocalipsis) 19

El juicio se muestra como la recuperación de la creación: el cielo se regocija porque la decepción termina y el orden es restaurado.
Lectura del Libro de Texto del Estudiante

Las Tres Humanidades: La Restauración de Yahuah — Libro Cinco

- Capítulo 13 — La Generación que Quebró los Cuatro Pilares
- Capítulo 14 — La Redención de la Creación

LIMITANTE DE ENSEÑANZA:

Estos capítulos deben leerse como revelaciones de límite–renovación, no como material sensacionalista del fin de los tiempos ni como castigo emocional. El estudiante está identificando por qué el juicio se vuelve requerido una vez que los puntos de referencia del pacto han sido desmantelados.

EXPLICACIÓN DIDÁCTICA

El Juicio No Es lo Opuesto de la Misericordia — Es la Misericordia Asegurando el Futuro

Dentro de Yada Yahuah, la misericordia no es permiso para que la corrupción permanezca activa para siempre. La misericordia reúne lo que puede ser sanado. El juicio impide que lo que no puede ser sanado vuelva a infectar lo que ha sido restaurado.

Esto establece la Regla de interpretación gobernante para la semana:

La misericordia restaura a las personas. El juicio asegura el mundo restaurado. Cualquier lectura que trate el juicio como "contra la restauración" desubica la función del juicio y convierte la restauración en una probación interminable.

Isaías 26 Define el Juicio como Instrucción por la Realidad, No Represalia Emocional

Isaías no presenta el juicio como enojo descontrolado. Isaías presenta el juicio como el maestro restante una vez que la instrucción ha sido rechazada.

El pasaje enseña que cuando los juicios están activos en la Tierra, el mundo aprende justicia—no porque los corazones de repente se vuelvan puros, sino porque la realidad se vuelve ineludible. La misericordia invita a la alineación. El juicio hace cumplir la alineación. La instrucción pasa de invitación a consecuencia.

El estudiante debe aprender a leer el juicio como corrección estructural: no persuasión por palabras, sino instrucción por resultados una vez que las palabras son despreciadas.

Romanos 2 Establece el Juicio como Evaluación Imparcial de la Alineación

Romanos 2 elimina tres refugios falsos en los que los humanos comúnmente confían:

- inmunidad basada en identidad
- protección institucional
- exención basada en reputación

El texto define el juicio como responsabilidad universal medida por la respuesta a la verdad. El estudiante debe reconocer que esto es esencial para la lógica de la restauración: si el juicio fuera parcial, el orden restaurado sería inestable e injusto.

Romanos 2 no es, por lo tanto, un argumento sobre quién es "mejor". Es un anuncio de que ninguna categoría creada puede anular la responsabilidad ante Yahuah. El juicio es estructural y universal porque la restauración es estructural y universal.

Apocalipsis 19 Muestra el Juicio como Digno de Alabanza Porque Termina lo que la Misericordia No Pudo Sanar

Apocalipsis 19 presenta un resultado que el pensamiento moderno a menudo no puede tolerar: el cielo se regocija en el juicio.

¿Por qué se regocija el cielo? Porque el juicio termina la decepción, rompe sistemas corruptos y restaura el orden moral a la creación. El regocijo no es deleite en el dolor; es alivio de que la corrupción ya no tenga autoridad para dañar, seducir y destruir.

La función de interpretación es decisiva: Apocalipsis 19 enmarca el juicio como la terminación del caos. El juicio no es desorden; es el fin del desorden.

El Capítulo 13 Explica Por Qué el Juicio se Vuelve Inevitable: los Cuatro Pilares Son Quebrados

El Capítulo 13 identifica a la generación final no como personas que simplemente pecan, sino como una civilización que quiebra el marco que hace posible el arrepentimiento.

Los Cuatro Pilares nombrados en el capítulo se presentan como puntos de referencia del pacto:

1. La Torá rechazada — la anarquía normalizada, la verdad pierde definición
2. El Shabbath borrado — la señal del pacto removida, la identidad sin marca
3. Las Fiestas reemplazadas — el calendario profético perdido, las estaciones de redención ilegibles
4. El Nombre corrompido — la autoridad y la identidad cortadas de raíz

Esto no es ignorancia. Es el rechazo estructural de la alineación misma. El estudiante debe interpretar esto como el momento en que la invitación de la misericordia ya no tiene un lenguaje compartido. Cuando los puntos de referencia son desmantelados, la restauración no puede negociarse porque los mismos términos del retorno han sido borrados.

Por eso el juicio se vuelve inevitable: no porque Yahuah se quede sin paciencia, sino porque el mundo remueve los últimos puntos que permiten que el arrepentimiento sea comprendido.

El Capítulo 14 Define el Juicio como la Redención Aplicada a la Creación

El Capítulo 14 corrige el malentendido final: el juicio no es el fin de la redención; es la redención aplicada con fuerza sobre el orden creado.

Este capítulo presenta el juicio como el mecanismo por el cual la creación es reclamada de la corrupción. La eliminación del sistema de la bestia, la autoridad falsa y el poder engañoso no es un tema secundario: es cómo la creación se vuelve segura para la vida restaurada.

El estudiante debe aprender a leer el juicio como el acto quirúrgico de la restauración hacia la creación: lo que no puede ser sanado es terminado para que lo que puede ser sanado permanezca sanado.

El Juicio Aplica el Límite Establecido por la Separación

La Semana 61 estableció que la coexistencia no puede continuar hasta la consumación. La Semana 62 establece que el límite debe ser aplicado o será violado.

SI EL JUICIO NO OCURRE:

- la misericordia es explotada
- la restauración permanece reversible
- la corrupción conserva acceso de retorno

Por lo tanto, el juicio no es una doctrina opcional añadida a la restauración. El juicio es el mecanismo de aplicación que hace permanente la restauración.

ENFOQUE DE ALINEACIÓN – CAPÍTULOS 13 Y 14

- El juicio es estructural, no emocional.
- Isaías muestra el juicio como instrucción a través de la realidad.
- Romanos establece responsabilidad universal sin exención.
- Apocalipsis muestra el juicio reclamando el orden y terminando la decepción.
- El Capítulo 13 muestra por qué la misericordia pierde puntos de referencia compartidos.
- El Capítulo 14 muestra el juicio como redención aplicada a la creación.
- La aplicación del límite asegura una renovación irreversible.

TÉRMINOS CLAVE Y DEFINICIONES (SEMANA 62)

- Juicio

Aplicación de límites que termina el acceso de la corrupción y asegura el orden restaurado.

- Justicia

Evaluación correcta de alineación aplicada universalmente, sin exención ni parcialidad.

- Límite

El punto donde termina la invitación de la misericordia y la restauración es protegida mediante aplicación forzosa.

TAREAS DE ESTUDIO

Pausa y completa lo siguiente:

• Explica por qué el juicio es el límite de la restauración en lugar de su contradicción

• Demuestra cómo Isaías 26 presenta el juicio como instrucción a través de la realidad

• Demuestra cómo Romanos 2 destruye modelos de exención basados en identidad

• Explica por qué Apocalipsis 19 trata el juicio como orden restaurado

• Usa los Capítulos 13–14 para mostrar por qué el juicio se vuelve inevitable en la generación final

• Presenta cómo el juicio restaura la creación aplicando limpieza y protección

Usa las Escrituras y los capítulos asignados directamente.

Evita el marco emocional, los modelos centrados en castigo, la moralidad individual aislada o las suposiciones de coexistencia.

REFLEXIONES FINALES DE LA SEMANA 62

La misericordia reúne lo que puede ser sanado.

El juicio protege lo que ha sido sanado.

Sin juicio, la restauración permanece temporal.

Con juicio, la restauración se vuelve irreversible.

REFERENCIA DE LA ECUACIÓN DE LA HUMANIDAD:

La Tercera Humanidad – La Variante ($Y \oplus HW = Y$)

REFLEXIÓN FINAL

"El juicio es la misericordia protegiendo el mañana."

CUATRIMESTRE IV· MES 4 — SEMANA 63
RENOVACIÓN Y CONSUMACIÓN DE LA RESTAURACIÓN
Redención de la Creación — El Fin de la Guerra de la Semilla

PROPÓSITO DE LA SEMANA 63
La Semana 63 entrena al estudiante para interpretar correctamente el lenguaje de restauración en su etapa completada al identificar la restauración no como reparación, restricción o mejora, sino como liberación creacional.

Hasta este punto en el Cuatrimestre IV:
- La Semana 61 estableció por qué la separación es necesaria
- La Semana 62 estableció cómo el juicio hace cumplir esa separación
- La Semana 63 establece en qué realidad se convierte todo, una vez que la separación y el juicio han cumplido plenamente su obra.

Las Escrituras no presentan la restauración como una versión reparada de un mundo quebrado. Presentan la restauración como la terminación de la autoridad de la corrupción, el fin de la Guerra de la Semilla, y la liberación de la creación hacia su diseño original.

Usando el Libro Cinco, Capítulos 15–16, los estudiantes son entrenados para leer el fin de la historia no como escalamiento, sino como resolución. Esta semana responde la pregunta de interpretación final del marco de Las Tres Humanidades:
¿Cómo se ve la creación cuando la corrupción ya no es posible?

LECTURA E INSTRUCCIÓN
- Rómĕos (Romanos) 8:18–23

La creación se revela como participante en la redención, esperando liberación de la corrupción impuesta, no mejora moral.

- Yashayahu (Isaías) 11

La armonía en la creación se revela como realineación estructural después de que la autoridad corrupta es removida, no poesía simbólica.

- 1 Korínthios (1 Korínthios) 15

Se revela la transferencia final de autoridad, culminando en la abolición de la muerte misma.

- Apokálypsis (Apocalipsis) 21–22

Se revela el estado final de la creación restaurada: Cielo Nuevo, Tierra Nueva, Nueva Yarushalayim, y Yahuah morando con la humanidad.

LECTURA DEL LIBRO DE TEXTO DEL ESTUDIANTE

Las Tres Humanidades — Libro Cinco

- Capítulo 15 — El Juicio Final y el Fin de la Guerra de la Semilla
- Capítulo 16 — El Cielo Nuevo y la Tierra Nueva — Yahuah Mora con la Humanidad Otra Vez

LIMITANTE DE ENSEÑANZA:

Estos capítulos deben leerse como revelaciones de resolución, no como especulación futura ni como imagen simbólica. El estudiante está identificando cómo funciona la restauración una vez que la corrupción, la rebelión y la contaminación híbrida han sido removidas por completo.

EXPLICACIÓN DIDÁCTICA

La Guerra de la Semilla Explica Por Qué la Historia No Podía Terminar Antes
El Capítulo 15 establece la realidad gobernante detrás de toda la historia bíblica: Dos semillas no pueden coexistir para siempre.

Desde Bereshith en adelante, la humanidad existe bajo un conflicto no resuelto entre:

- la Semilla alineada con Yahuah
- la semilla de rebelión introducida mediante la corrupción

Este conflicto no fue meramente moral o ideológico. Fue creacional, genético, espiritual y sistémico. Los pactos lo administraron. La misericordia lo demoró. El juicio lo restringió. Pero la administración no es resolución.
Mientras la semilla corrupta, la influencia híbrida y la autoridad rebelde conservaran existencia, la creación no podía estabilizarse. Por lo tanto, la historia no podía concluir antes—no porque Yahuah demorara la victoria, sino porque el conflicto mismo aún no había sido terminado en su fuente.
La Semana 63 asume que esa terminación ya ha ocurrido.

Capítulo 15 — El Juicio Termina la Guerra de la Semilla, No Meramente Sus Síntomas
El Capítulo 15 aclara una finalidad crítica: la historia humana termina en el retorno de Yahusha.

EN SU APARICIÓN:

- La Variante (la porción restaurada de la Tercera Humanidad) es transformada en la perfeccionada Primera Humanidad
- la semilla corrupta es destruida en la segunda muerte
- no queda humanidad mixta
- no sobrevive linaje corrupto
- no continúa rebelión humana

Esto no es postergación. Esto es Terminación.
La Guerra de la Semilla entre la humanidad termina permanentemente porque la capacidad reproductiva de la rebelión es removida. El juicio no solo derrota la oposición; elimina su capacidad de existir de nuevo.

Romanos 8 — La Creación Es Liberada, No Reparada
Romanos 8 replantea la restauración a nivel mundial. La creación no es escenografía. La creación está esclavizada.
La decadencia, la degradación y la muerte no son condiciones neutrales; son

consecuencias impuestas de una autoridad corrupta. La creación "gime" no porque esté quebrada más allá del diseño, sino porque está restringida de operar conforme a su orden original.

Una vez que el juicio remueve la corrupción:

- la decadencia pierde jurisdicción
- la degradación ya no es impuesta
- la muerte ya no es inevitable

Por lo tanto, la restauración va más allá de la humanidad hacia la restauración del orden creado bajo Yahuah. La creación no mejora moralmente. Es liberada estructuralmente.

Isaías 11 — La Armonía Es el Resultado de un Cambio de Autoridad
Isaías 11 debe leerse como realidad posterior al conflicto, no como simbolismo poético.

La depredación termina. La violencia cesa. El temor se disuelve. Estos cambios no ocurren porque las criaturas sean entrenadas de manera diferente, sino porque la ley de corrupción que gobernaba el comportamiento ya no está activa. Esto no es reforma. Es realineación creacional.

Cuando la autoridad corrupta es removida:

- las naturalezas alteradas se estabilizan
- la agresión pierde su motor
- el instinto de muerte desaparece

La creación se comporta de manera diferente porque la creación es gobernada de manera diferente.

Capítulo 16 — La Restauración Es Liberación Hacia el Diseño Original
El Capítulo 16 marca el punto de inflexión de todo el Instituto.
La restauración aquí no es:

- reparación del daño
- restricción del mal
- mejora moral

La restauración es liberación.

Liberación significa:

- las cadenas de autoridad son removidas
- la ley ajena es anulada
- el diseño original se reanuda

Por eso:

- aparecen Cielo Nuevo y Tierra Nueva
- desciende Nueva Yarushalayim
- no se requiere templo
- no se necesita sol ni luna
- no permanece muerte, dolor ni maldición

La creación no se esfuerza. La creación es liberada.

1 Korínthios 15 — La Muerte Debe Ser Removida para que la Restauración se Estabilice

El enemigo final no es el pecado.
El enemigo final es la muerte.

La muerte es el mecanismo de aplicación de la corrupción. Mientras exista la muerte:

- el temor persiste
- la decadencia continúa
- la inestabilidad sigue siendo posible

Cuando la muerte es abolida:

- La corrupción no tiene poder de negociación
- la rebelión no tiene sistema de consecuencias
- la restauración se vuelve irreversible

Esta es la transferencia final de autoridad. El Mashiyach reina hasta que todos los enemigos—incluida la muerte—sean removidos, luego la autoridad regresa plenamente al Padre. Esto no es pérdida de poder; es consumación de propósito.

La Restauración Es Consumación Creacional, No Éxito Moral
La Semana 63 requiere que el estudiante abandone todos los marcos parciales.

La restauración no es:

- la humanidad comportándose mejor
- el pecado siendo administrado
- el mal siendo restringido

La restauración es:

- la corrupción hecha imposible
- la rebelión incapaz de existir
- la creación liberada a su orden original

La Guerra de la Semilla no se pausa.
Termina.

ENFOQUE DE ALINEACIÓN – CAPÍTULOS 15 Y 16

- La Guerra de la Semilla requirió terminación final.
- El juicio termina la rebelión reproductiva.
- La historia humana concluye en el retorno de Yahusha.
- La creación está esclavizada bajo la corrupción.
- La liberación sigue a la eliminación de autoridad.
- La armonía resulta del orden restaurado.
- La abolición de la muerte asegura la permanencia.
- La restauración se vuelve consumación irreversible.

TÉRMINOS CLAVE Y DEFINICIONES (SEMANA 63)

- Restauración

La liberación irreversible de la creación hacia su diseño original una vez que la corrupción es removida.

- Guerra de la Semilla

El conflicto creacional entre semilla alineada y semilla corrompida que termina con el juicio final.

- Liberación

La eliminación de la corrupción impuesta permitiendo que la creación funcione como fue diseñada.

Tareas de Estudio

Pausa y completa lo siguiente:

• Explica la Guerra de la Semilla y por qué debe terminar, no ser administrada

• Demuestra cómo el juicio resuelve la corrupción en lugar de restringirla

• Muestra cómo la creación misma es redimida usando Romanos 8 y el Capítulo 16

• Explica por qué la muerte debe ser removida para la estabilidad eterna

• Articula la restauración como consumación creacional, no logro moral

Usa las Escrituras y los capítulos asignados directamente.

Evita la especulación, las lecturas simbólicas, los modelos de lucha cíclica o la regresión a marcos de etapas anteriores.

REFLEXIONES FINALES DE LA SEMANA 63

La restauración no está completa cuando los enemigos son derrotados.

Está completa cuando su capacidad de existir es removida.

La Guerra de la Semilla no se pausa.

Termina.

La creación no sobrevive a la restauración.

Renace.

REFERENCIA DE LA ECUACIÓN DE LA HUMANIDAD:

La Tercera Humanidad – La Variante ($Y \oplus HW = Y$)

REFLEXIÓN FINAL

"La restauración no es reparación.

Es liberación."

CUATRIMESTRE IV· MES 4 — SEMANA 64
EL MAPA COMPLETO DE LA HUMANIDAD

Creación → Corrupción → Restauración → Primera Humanidad Eterna
Ecuaciones, Historia, y el Cumplimiento del Propósito de Yahuah

PROPÓSITO DE LA SEMANA 64

La Semana 64 completa la enseñanza de Las Tres Humanidades™ presentando todo el marco de restauración como un solo mapa continuo, unificado.
Esta semana no introduce nueva doctrina.
Integra todo lo ya enseñado desde el Cuatrimestre I hasta el Cuatrimestre IV en una sola estructura de interpretación que el estudiante ahora puede sostener, trazar, y defender.
El estudiante ya no está aprendiendo etapas aisladas.
El estudiante está aprendiendo a ver el todo.

LA SEMANA 64 ENTRENA AL ESTUDIANTE A:

- Trazar la humanidad desde la creación hasta la eternidad sin contradicción
- Mantener la dirección causal correcta a través de todas las fases
- Preservar el significado de cada Ecuación de la humanidad
- Hacer la diferencia claramente entre:
    - corrupción
    - mezcla
    - restauración
    - transformación
- Entender por qué el juicio, la separación, y la resurrección son requeridos — no opcionales

Esta es la última semana instructiva de Las Tres Humanidades.
Nada sigue excepto cumplimiento y trabajo de tesis.

LECTURA E INSTRUCCIÓN

- Berēšhīṯh 1–6

Creación, caída, corrupción, y el inicio de la Guerra de la Semilla

- Mattithyâhû 24:37–39

Los días de Noach como el patrón para el fin

- Yôchânân (Juan) 20:22

El aliento de restauración — la Variante comienza

- 1 Korínthios (1 Corintios) 15:50–57

Transformación de corruptible a incorruptible

- Apokálypsis (Apocalipsis) 21–22

Creación restaurada y morada eterna con Yahuah
Lectura del Libro de Texto del Estudiante

Las Tres Humanidades™: La Restauración de Yahuah — Libro Cinco

- Capítulos 1–16 (Revisión Integrada)
- Ningún capítulo individual gobierna esta semana
- Todo el libro funciona como un sistema completo

Limitante de Enseñanza:
Todos los textos deben leerse estructuralmente, no en forma devocional.
El estudiante está trazando continuidad causal, no extrayendo inspiración.

EXPLICACIÓN DIDÁCTICA

1. La Primera Humanidad — Origen Sin Corrupción

Ecuación de la humanidad
Y + A = FH
Significado (Fijo):
Yahuah → Adam = Primera Humanidad
Origen espíritu-primero, puro, incorruptible

La Primera Humanidad es creada directamente por el Ruach de Yahuah.
El espíritu precede a la carne.
La humanidad está alineada, unificada, y no contaminada.
Características Clave

- Origen espiritual puro
- Sin influencia demoníaca
- Sin corrupción genética
- Comunión directa con Yahuah
- Creada para comunión eterna

La caída introduce mortalidad y separación — no hibridación.
La corrupción no se manifiesta plenamente hasta que ocurre interferencia externa.

Clausura de la Primera Humanidad
El descenso de los Vigilantes marca el fin de esta fase.
Desde este punto en adelante, la humanidad ya no está aislada de la rebelión celestial.

2. La Segunda Humanidad — Corrupción Híbrida Introducida
Ecuaciones de la humanidad

- AW + HW = N

Ángeles Vigilantes + Mujeres Humanas = Nefelinos

- NM + PW = N

Hombres Nefelinos + Mujeres Puras = Hibridación Continuada
La Segunda Humanidad no es humanidad caída — es humanidad alterada.

Características Clave

- Corrupción genética
- Cuerpos híbridos
- Conocimiento prohibido
- Violencia y dominación
- Destrucción activa de la semilla pura

Esta humanidad amenaza la extinción del plan de creación de Yahuah.
El Diluvio — Entendimiento Corregido

El Diluvio:

- Termina la dominación de la Segunda Humanidad
- Destruye cuerpos híbridos
- Preserva la creación mediante Noach
- No elimina toda continuidad genética Nefelina

Al menos una línea de sangre Nefelina sobrevive, permitiendo que la corrupción continúe post-Diluvio.
Los espíritus Nefelinos permanecen confinados y luego operan como espíritus inmundos.

Esto es no negociable, ya que explica:

- Gigantes post-Diluvio
- Naciones híbridas cananeas
- Condiciones continuas de la Guerra de la Semilla

3. La Tercera Humanidad — Humanidad Mixta
Ecuación de la humanidad
PM + NW = MH
Significado:
Hombres Puros + Mujeres Nefelinas = Humanidad Mixta
Esto no es restauración.
Esto es humanidad biológica restaurada, pero espiritualmente dañada.

Características Clave:

- Naturaleza carne-primero
- Condición espiritualmente muerta
- Conflicto interno
- Vulnerable a influencia demoníaca
- Incapaz de acercarse a Yahuah independientemente

Esta humanidad:

- Popula el mundo post-Diluvio
- Construye Babel (línea de sangre Nefelina)
- Forma imperios
- Recibe Tôrâh
- Produce profetas
- Permanece incapaz de restaurarse a sí misma

Extensión Histórica
Post-Diluvio → Fin de la Era
La Tercera Humanidad continúa hasta la limpieza final.
No Termina con Yahusha.

Esta es la humanidad que:

- Yahusha entra
- la Variante emerge de
- finalmente será separada y juzgada

4.La Tercera Humanidad — La Variante (La Transformación Comienza)
Ecuación de Restauración de la humanidad
Y ⊕ HW = Y
Significado:
Yahuah (Ruach) + Mujer Humana (Miryam) = Yahusha
Nace la Nueva Humanidad Espiritual
Este es el punto de inflexión de toda la historia.
Por medio de Yahusha:

- el Ruach es restaurado
- el entendimiento es abierto
- el renacimiento se hace posible

Momento Definitivo:

- "Y sopló sobre ellos y les dijo: 'Reciban rûach Qôdesh.'" — Yôchânân (Juan) 20:22

La Variante está:

- todavía viviendo dentro de carne corruptible
- internamente conflictuada
- espiritualmente viva
- esperando transformación

La Variante existe dentro de la Tercera Humanidad, no aparte de ella.

El Retorno a la Primera Humanidad — Restauración Completada

Ecuación Final de la humanidad

Y + RT = FH

Significado:

Yahusha (la Variante perfeccionada) + Transformación de Resurrección

= Primera Humanidad Restaurada

Esto no es regresión.

Esto es consumación.

Características Clave:

- Cuerpos incorruptibles
- Sin muerte
- Sin mezcla
- Sin conflicto interno
- Comunión eterna con Yahuah

Lo que Adam perdió es restaurado — y superado — mediante Yahusha.

La Variante se convierte en la Primera Humanidad en plenitud.

Integración del Sistema

- El Diluvio restringe la corrupción, no la resuelve
- Tôrâh revela alineación, no restaura naturaleza
- Yahusha restaura el Ruach, pero la transformación espera la resurrección
- El juicio remueve lo que no puede ser sanado
- La resurrección completa lo que la restauración comenzó

Cada etapa es necesaria.

Nada es redundante.
Nada se omite.

TÉRMINOS CLAVE SEMANA 64

- La Primera Humanidad (Y + A = FH): Yahuah → Adam = Primera Humanidad Origen espíritu-primero, puro, incorruptible. La Primera Humanidad es creada directamente por el Ruach de Yahuah.
- La Segunda Humanidad (AW + HW = N) & NM + PW = N: Ángeles Vigilantes + Mujeres Humanas = Nefelinos y Hombres Nefelinos + Mujeres Puras = Hibridación Continuada. La Segunda Humanidad no es humanidad caída — es humanidad alterada.
- La Tercera Humanidad (PM + NW = MH): Hombres Puros + Mujeres Nefelinas = Humanidad Mixta. Esto no es restauración. Esto es humanidad biológica restaurada, pero espiritualmente dañada.
- La Tercera Humanidad — La Variante (Y ⊕ HW = Y): Yahuah (Ruach) + Mujer Humana (Miryam) = Yahusha. Nace la Nueva Humanidad Espiritual
- El Retorno a la Primera Humanidad (Y + RT = FH): Yahusha (la Variante perfeccionada) + Transformación de Resurrección = Primera Humanidad Restaurada

TAREAS DE ESTUDIO

El estudiante ahora debe demostrar dominio a nivel de sistema.

Demostración Requerida

• Trazar las cinco humanidades en el orden correcto

• Preservar el significado de cada ecuación

• Explicar por qué la Tercera Humanidad persiste hasta el fin

• Hacer la diferencia claramente entre Humanidad Mixta y la Variante

• Defender la resurrección como necesaria para la restauración final

Límites de protección: Sin maro emocional, Sin cronología especulativa, Sin colapsar etapas, Sin sustitución por metáfora

REFLEXIONES FINALES – SEMANA 64

La historia de la humanidad no es aleatoria.

Es estructurada.

La creación no fue abandonada.

Fue guiada.

La corrupción no ganó.

Fue contenida.

La restauración no se apresuró.

Se desplegó.

La Primera Humanidad no se perdió para siempre.

Fue demorada – hasta Yahusha.

La humanidad no Termina en mezcla.

Termina en restauración.

REFUERZO CENTRAL — CUATRIMESTRE IV· MES 4

La Restauración Completada Mediante Separación, Juicio, Transformación y Herencia

El CUATRIMESTRE IV · Mes 4 completa la enseñanza de Las Tres Humanidades™ al llevar todo el Plan de Restauración a su conclusión necesaria. Este mes no expande el marco—lo finaliza.

Hasta este punto, el estudiante ha aprendido:

- por qué la humanidad requirió restauración
- cómo la corrupción entró y persistió
- qué restauró Yahusha mediante el Ruach
- dónde existe la Variante dentro de la humanidad mixta

El Mes 4 ahora establece la verdad final:
La restauración no está completa hasta que la corrupción es removida permanentemente, la transformación es finalizada, y la alineación se vuelve irreversible.
Este mes entrena al estudiante a entender que la restauración no es sentimental, gradual, ni interminable. Es direccional, decisiva y Terminal.

Lo Que Resuelve el Mes 4
El Mes 4 resuelve cuatro preguntas críticas que no pueden permanecer abiertas si la restauración ha de sostenerse:
1.Por qué la coexistencia entre alineación y corrupción no puede continuar
2.Por qué el juicio es requerido para asegurar la restauración
3.Por qué la resurrección es necesaria para completar la transformación
4.Por qué la herencia se basa en naturaleza restaurada, no en esfuerzo moral
Estas no son preguntas filosóficas.
Son necesidades estructurales dentro del Plan de Yahuah.

La Restauración Requiere Separación

El Mes 4 establece que la coexistencia entre restauración y corrupción es una concesión temporal, no un diseño eterno.
La misericordia reúne.
Pero la misericordia por sí sola no puede proteger lo que ha sido restaurado.
Mientras la corrupción permanezca presente, la restauración permanece vulnerable.
Por lo tanto, la separación no es un acto de rechazo—es un acto de preservación.
La separación es el momento en que la restauración pasa de posibilidad a seguridad.

El Juicio Es la Aplicación de la Restauración

El juicio no es introducido como represalia, ira o castigo.
Es revelado como aplicación de límites.
Donde la misericordia invita a la alineación, el juicio la impone.
Donde la misericordia restaura individuos, el juicio restaura el orden.

Sin juicio:

- la corrupción retiene derechos de retorno
- el engaño permanece posible
- la restauración se vuelve reversible

El Mes 4 aclara que el juicio no es lo opuesto de la misericordia—es la forma protectora final de la misericordia.

La Transformación No Se Completa Hasta la Resurrección

La Variante representa restauración real, pero no la consumación final.
Mientras la humanidad permanezca en carne corruptible:

- la muerte retiene autoridad
- el conflicto interno persiste
- la corrupción permanece presente externamente

El Mes 4 confirma que la resurrección no es una mejora—es una necesidad.

Solo la resurrección remueve la corrupción a nivel estructural.
La transformación que no culmina en resurrección es incompleta por definición.

La Herencia Es Revelada, No Otorgada

La herencia no se da como recompensa por esfuerzo.
Es revelada como confirmación de naturaleza.
Aquellos que heredan la creación restaurada lo hacen porque pertenecen a ella.
Están alineados, restaurados, transformados e incorruptibles.
No hay prueba futura.
No hay más probación.
No hay segunda caída.
El Mes 4 cierra la idea de que la eternidad contiene riesgo, inestabilidad o rebelión renovada.

Lo Que el Mes 4 Establece Permanentemente

Al final del Mes 4, las siguientes verdades quedan fijas y no negociables dentro de la Restauración Yada Yahuah:

- La corrupción no evoluciona hacia alineación
- La mezcla no puede heredar la eternidad
- La restauración requiere la eliminación de lo que no puede ser sanado
- El juicio asegura lo que la misericordia restaura
- La resurrección completa lo que el Ruach inicia
- La Variante se convierte en la Primera Humanidad en plenitud
- La creación misma es liberada una vez que la corrupción termina

Nada más es requerido doctrinalmente.

Por Qué el Mes 4 Es el Fin Necesario de la Instrucción

El marco de Las Tres Humanidades™ ahora está completo.

Al estudiante se le ha dado:

- las ecuaciones
- la historia

- la lógica causal
- el arco de restauración

A partir de este punto, la tarea ya no es aprender nueva estructura, sino demostrar dominio del todo.

Por esta razón el CUATRIMESTRE V no introduce doctrina.

Requiere deducción, defensa y articulación.

DECLARACIÓN FINAL DE REFUERZO

Yahuah no perdió Su creación ante la corrupción.

La guió a través de la corrupción hacia la consumación.

La restauración no termina con el perdón.

Termina con la transformación.

El Plan de Yahuah no se detiene en la mezcla.

Se resuelve en alineación.

Las Tres Humanidades no concluyen en lucha.

Concluyen en la Primera Humanidad restaurada — eterna, incorruptible y completa.

De Instrucción a Demostración

El CUATRIMESTRE IV concluye la fase instructiva de Las Tres Humanidades™.

A lo largo de su progreso, al estudiante se le ha dado:

- el marco completo de Restauración
- las Ecuaciones completas de la Humanidad
- el arco histórico desde la Creación hasta la Consumación Eterna
- la lógica de separación, juicio, resurrección, herencia y alineación

Al cierre del Mes 4, nada permanece sin enseñar.

Desde este punto en adelante, el estudiante ya no es evaluado por comprensión.

Es evaluado por transferencia.

DECLARACIÓN DE CIERRE

El CUATRIMESTRE IV enseñó el sistema.
El CUATRIMESTRE V prueba que el sistema ha sido absorbido.

Desde aquí en adelante:

- Yada Yahuah ya no se recibe
- Se demuestra

La instrucción ha Terminado.
La alineación ahora es revelada.

CONCLUSIÓN — LIBRO 4 → LIBRO 5

TRANSICIÓN AL LIBRO MBRS 5 – TESIS A NIVEL DE MAESTRÍA

El MBRS Libro 4 ha completado la arquitectura instructiva de la Maestría en Estudios de Restauración Bíblica.

El mapa completo de la humanidad ha sido trazado desde la creación hasta la corrupción, desde la mezcla hasta la restauración, desde el llamado hasta la transformación, desde la misericordia hasta el juicio, desde la resurrección hasta la alineación eterna.
No queda ninguna categoría sin resolver.
No permanece ninguna ecuación sin completar.

El Orden de la Restauración ha sido plenamente revelado.
En esta etapa, la instrucción concluye.
El estudiante ahora posee el marco completo de Las Tres Humanidades™, las Ecuaciones de la Humanidad que las gobiernan, la metodología restaurada de Yadaʿ Yahuah, y la lógica completa del pacto en las Escrituras desde Bereshith hasta la Nueva Creación.

La tarea ya no es recibir estructura, sino demostrar dominio de la estructura.
No se proveerá más apoyo doctrinal.

El Libro MBRS 5 marca por tanto la Fase de Tesis — donde el estudiante aplica, defiende y articula el Sistema de Restauración de manera independiente, sin guía instructiva.

Lo que ha sido enseñado ahora debe ser probado.
Lo que ha sido recibido ahora debe ser demostrado.
Lo que ha sido aprendido ahora debe ser asumido como propio.
La instrucción concluye.
La demostración comienza.

GLOSARIO

Adversario (śâṭân): Un rol funcional de acusación u oposición, no un nombre propio.

Juicio Asignado: La forma específica de consecuencia determinada por Yahuah y aplicada según la naturaleza de la transgresión y el rol del transgresor.

Babel (Sistema): La estructura acumulativa y transgeneracional de rebelión que sobrevive mediante transformación en lugar de preservar un imperio físico. En la Semana 30, Babel se define como un orden global administrado —religioso, político y económico— mediante el cual la traición del pacto es normalizada e impuesta.

Bethabara: Una designación geográfica asociada con la región del Jordán, tradicionalmente identificada como un lugar de cruce y renovación. En este módulo, Bethabara se menciona en relación con transición pactal, actividad sacerdotal y preparación para la restauración dentro de la narrativa bíblica más amplia y Qumrán.

Culpa de Sangre: Responsabilidad pactal jurídica acumulada mediante violencia preservada contra los testigos de Yahuah. En la Semana 30, la culpa de sangre es el registro consolidado de persecución hallado "en Babel", incluyendo profetas, santos y fieles del pacto—demostrando que el sistema carga con la responsabilidad por el derramamiento acumulativo de sangre pactal.

Libro de la Vida: El registro pactal de aquellos que pertenecen a Yahuah mediante fidelidad, obediencia y lealtad a Yahusha, representando reconocimiento divino en lugar de inclusión arbitraria.

Autoridad del Calendario: Se refiere al gobierno de la adoración mediante el control de los tiempos señalados tal como fueron establecidos por Yahuah en la Escritura. El único calendario legítimo y la única autoridad sobre el tiempo es aquel que se origina con Yahuah y está registrado en el testimonio Escritural. La humanidad no posee autoridad para alterar, redefinir o legislar el tiempo sagrado. Los intentos humanos de modificar o reemplazar el calendario Escritural—ya sea por tradición, poder institucional o decreto político—constituyen usurpación, no autorización, y resultan en distorsión de la adoración en lugar de gobierno legítimo.

Constantino: Emperador romano históricamente asociado con la integración formal del cristianismo en el sistema imperial romano. En este módulo, Constantino es mencionado como representante de autoridad religiosa imperial, no como guardián de la Escritura designado por pacto.

Juicio Decretivo: Juicio establecido contra un resultado corrupto perdurable.

Exterminio Final: Remoción completa de la corrupción en el fin señalado.

Cosecha: El momento estructural en el que la coexistencia termina y la distinción se vuelve necesaria.

Juicio: Contención divina de corrupción irreversible mediante decreto autoritativo y restricción. Aplicación de límites que termina el acceso de la corrupción y asegura el orden restaurado. Aplicación de límites requerida cuando la corrupción se vuelve total y públicamente entronizada. En la Semana 30, el juicio no es volatilidad divina; es el acto pactal necesario que termina un sistema irreversible cuando la rebelión alcanza plena maduración.

Remoción: Terminación de corrupción que no puede heredar propósito pactal.

Terminación: La autoridad concluida de un orden corrompido.

Trono (de Babel): La forma madura de la rebelión posterior al Diluvio en la que la desafianza ya no está localizada por proximidad (torre), sino institucionalizada mediante gobierno, adoración, economía y doctrina. El trono representa autoridad centralizada que gobierna por regulación y redefinición en lugar de violencia caótica.

Desafianza Universal: La etapa final de la rebelión en la que reyes, naciones, mercaderes y estructuras religiosas están unificados bajo la redefinición de adoración y autoridad de Babel. La desafianza universal no es meramente pecado generalizado, sino oposición pactal coordinada mediante un sistema compartido.

Vindicación: El acto mediante el cual Yahuah confirma pública y pactalmente la justicia de un siervo fiel después del sufrimiento, demostrando que la obediencia—no la oposición ni el sufrimiento—determina legitimidad y autoridad.

Exterminio Final: Remoción completa de la corrupción en el fin señalado.

www.ingramcontent.com/pod-product-compliance
Lightning Source LLC
LaVergne TN
LVHW080334110826
845155LV00027B/237

9781946249593